JN412077

돈 키호테 2
DON QUIJOTE 2

다락원 스페인어 학습문고 ❹

돈 키호테 2

지은이 Miguel de Cervantes Saavedra
각색 Begoña Rodríguez Rodríguez
그림 José Luis Navarro
번역 및 해설 서경석
녹음 Alejandro Sánchez Sanabria
펴낸이 정규도
펴낸곳 (주) 다락원

초판 1쇄 인쇄 2019년 5월 2일
초판 1쇄 발행 2019년 5월 10일

책임편집 이숙희, 한지희, 장지은
디자인 구수정, 윤현주

다락원
주소 경기도 파주시 문발로 211
전화 (02)736-2031(내선 420~426)
팩스 (02)738-1714

출판등록 1977년 9월 16일 제406-2008-000007호
공급처 (주) 다락원
구입문의 전화: (02)736-2031(내선 250~252)
팩스: (02)732-2037

El ingenioso caballero don Quijote de la Mancha
Colección Literatura hispánica de Fácil Lectura

값 10,000원

ISBN 978-89-277-3234-1 18770
978-89-277-3207-5(set)

http://www.darakwon.co.kr
다락원 홈페이지를 통해 주문하시면 상세한 출판 정보와 함께 MP3 자료 등 다양한 어학 정보를 얻으실 수 있습니다.

머리말

"다락원 스페인어 학습문고" 시리즈는 스페인어를 배우고자 하는 사람이라면 누구나 꼭 읽어 봐야 하는 대표적인 스페인 문학 작품을 선별하여 학습자 수준에 맞춰 현대 스페인어로 각색한 책입니다. 세르반테스 문화원 커리큘럼(PCIC)의 읽기 레벨을 기준으로 A2, B1, B2로 나누었으며, 스페인어 학습자들이 보다 쉽고 재미있게 스페인 명작을 읽으며 독해력을 향상시킬 수 있도록 했습니다.

해당 레벨에서 알아야 할 필수 어휘와 표현을 제시하여 사전 없이 읽기에 부담이 없게 하였고, 독해에 필요한 문형과 문화적 배경에 대한 설명도 실어 학습자의 이해를 도왔습니다. 더불어 다양한 유형의 연습 문제와 직역에 가까운 번역을 수록하여 다시 한번 내용을 점검하고 확인할 수 있도록 하였습니다. 또한, 원어민의 낭독이 담긴 음원을 통해 생생하게 책을 이해할 수 있게 하였습니다.

"다락원 스페인어 학습문고" 시리즈를 통해 여러분의 스페인어 공부가 좀 더 즐거워지기를 바랍니다.

다락원 스페인어 학습문고 연구회

일러두기

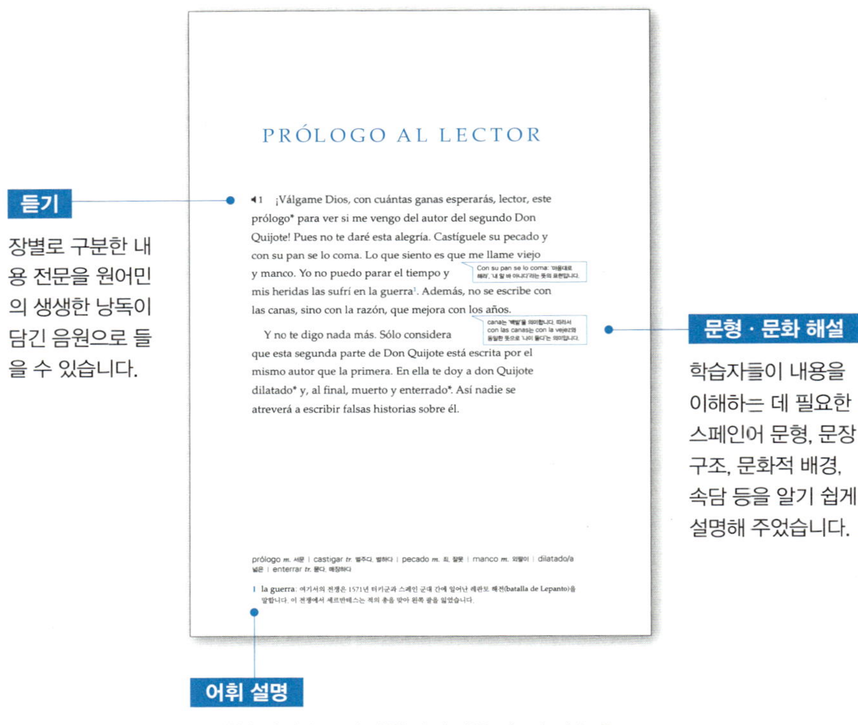

PRÓLOGO AL LECTOR

◀1 ¡Válgame Dios, con cuántas ganas esperarás, lector, este prólogo* para ver si me vengo del autor del segundo Don Quijote! Pues no te daré esta alegría. Castíguele su pecado y con su pan se lo coma. Lo que siento es que me llame viejo y manco. Yo no puedo parar el tiempo y mis heridas las sufrí en la guerra[1]. Además, no se escribe con las canas, sino con la razón, que mejora con los años.

Con su pan se lo coma: '마음대로 해라', '내 알 바 아니다'라는 뜻의 표현입니다.

Y no te digo nada más. Sólo considera que esta segunda parte de Don Quijote está escrita por el mismo autor que la primera. En ella te doy a don Quijote dilatado* y, al final, muerto y enterrado*. Así nadie se atreverá a escribir falsas historias sobre él.

cana는 '백발'을 의미합니다. 따라서 con las canas는 con la vejez와 동일한 뜻으로 '나이 들다'는 의미입니다.

prólogo *m.* 서문 | castigar *tr.* 벌주다, 벌하다 | pecado *m.* 죄, 잘못 | manco *m.* 외팔이 | dilatado/a 넓은 | enterrar *tr.* 묻다, 매장하다

1 la guerra: 여기서의 전쟁은 1571년 터키군과 스페인 군대 간에 일어난 레판토 해전(batalla de Lepanto)을 말합니다. 이 전쟁에서 세르반테스는 적의 총을 맞아 왼쪽 팔을 잃었습니다.

A2 학습자의 수준에 맞춰 실제 사용 빈도수가 높은 어휘는 본문에 *로 표시하였으며, 내용 이해를 돕기 위한 어휘와 표현 등을 추가로 선정하여 뜻과 함께 정리하였습니다.

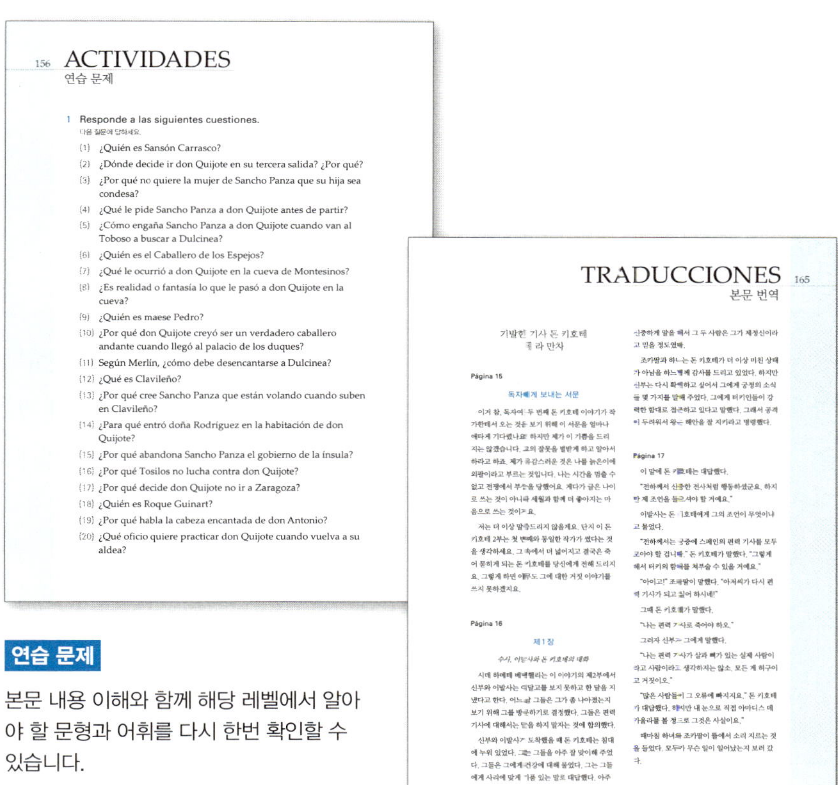

156 ACTIVIDADES
연습 문제

1 Responde a las siguientes cuestiones.
다음 질문에 답하세요.

(1) ¿Quién es Sansón Carrasco?
(2) ¿Dónde decide ir don Quijote en su tercera salida? ¿Por qué?
(3) ¿Por qué no quiere la mujer de Sancho Panza que su hija sea condesa?
(4) ¿Qué le pide Sancho Panza a don Quijote antes de partir?
(5) ¿Cómo engaña Sancho Panza a don Quijote cuando van al Toboso a buscar a Dulcinea?
(6) ¿Quién es el Caballero de los Espejos?
(7) ¿Qué le ocurrió a don Quijote en la cueva de Montesinos?
(8) ¿Es realidad o fantasía lo que le pasó a don Quijote en la cueva?
(9) ¿Quién es maese Pedro?
(10) ¿Por qué don Quijote creyó ser un verdadero caballero andante cuando llegó al palacio de los duques?
(11) Según Merlín, ¿cómo debe desencantarse a Dulcinea?
(12) ¿Qué es Clavileño?
(13) ¿Por qué cree Sancho Panza que están volando cuando suben en Clavileño?
(14) ¿Para qué entró doña Rodríguez en la habitación de don Quijote?
(15) ¿Por qué abandona Sancho Panza el gobierno de la ínsula?
(16) ¿Por qué Tosilos no lucha contra don Quijote?
(17) ¿Por qué decide don Quijote no ir a Zaragoza?
(18) ¿Quién es Roque Guinart?
(19) ¿Por qué habla la cabeza encantada de don Antonio?
(20) ¿Qué oficio quiere practicar don Quijote cuando vuelva a su aldea?

TRADUCCIONES 165
본문 번역

기발한 기사 돈 키호테 데 라 만차

Página 15

독자에게 보내는 서문

Página 16

제 1 장

Página 17

연습 문제

본문 내용 이해와 함께 해당 레벨에서 알아야 할 문형과 어휘를 다시 한번 확인할 수 있습니다.

본문 번역

스페인어 본문 내용과 문형을 정확히 이해할 수 있도록 직역 중심의 번역을 수록하였습니다.

MP3 MP3 "돈 키호테 2" 전문 녹음은 책과 함께 제공되는 MP3 CD로 제공되며 다락원 홈페이지 **http://www.darakwon.co.kr** 에서 다운로드 받을 수 있습니다. 또한, 앞의 음원과는 별도로 SGEL 사에서 주요 내용을 발췌하여 제작한 음원 파일도 다락원 홈페이지를 통해 이용할 수 있습니다.

작가 및 작품 소개

미겔 데 세르반테스
Miguel de Cervantes Saavedra, 1547~1616

미겔 데 세르반테스는 세계적인 소설가로, 도스토예프스키, 플로베르, 보르헤스와 또 다른 많은 작가들로부터 모든 시대에 걸쳐 최고의 소설가로 인정받았습니다. 실제로 그의 작품인 "돈 키호테"는 지리적, 문화적, 언어적인 국경을 넘어서 서구 문화에 기여했기 때문에 그는 스페인 최고의 공헌자가 되었습니다.

미겔 데 세르반테스는 1547년에 태어나서 1616년에 죽었습니다. 따라서 그는 스페인 제국의 쇠퇴기(카를로스 5세, 펠리페 2세, 펠리페 3세 시대)를 살았고, 문화 절정기인 황금 세기(르네상스, 매너리즘, 바로크 시대)를 살았으며, 최고의 위대한 고전 문학기(로페 데 베가, 공고라, 케베도 등의 시대)를 살았습니다.

그의 전기는 역경과 실패로 점철되었습니다. 가족의 가난과 복잡한 결혼 문제들, 레판토 전투에서의 부상이나 아르헬 전투 당시 포로 생활 등 군인으로서의 실패, 세금 징수원 업무 당시 겪어야 했던 여러 번의 투옥 생활과 동시대 사람들의 문학에 대한 멸시는 세르반테스가 감내해야 했던 그 당시의 불행한 상황이었습니다. 이러한 불운한 상황 속에서 작품 "돈 키호테"만이 세르반테스의 유일한 성공작이었고, 이 작품을 통해 세르반테스의 '레판토의 외팔이'라는 영예로운 별명이 세상에 널리 알려지게 되었습니다.

세르반테스는 끊임없는 노력으로 시, 극, 소설의 세 개의 문학 장르를 개척했지만 단지 소설가로서의 재능만을 인정받을 수 있었습니다. "나는 신에게 서원한다"와 같은 소네트 몇 작품을 시작으로 "파르나소로의 여행"이라는 한 편의 시를 남겼고, 극작가로서는 여덟 편의 희곡을 써 로페 데 베가와 어깨를 견주었으나, 대중의 외면을 받았습니다. 그럼에도 불구하고 세르반테스의 희곡 중에서 여덟 개의 단막극은 지금까지도 호평을 받고 있습니다.

소설가로서 세르반테스는 "갈라테아", "모범서", "피르실레스" 등과 같은 다양한 장르를 시도하면서 소설가로서의 능력을 발휘했습니다. "라 히타니야", "린코네테", "코르타디요" 등의 작품이 유명한데 "돈 키호테"와 함께 세계 문학사에서 명작으로 추앙받고 있습니다.

기발한 기사 돈 키호테 데 라 만차
El ingenioso caballero don Quijote de la Mancha

"돈 키호테"는 세계 문학의 정상에 있는 소설로, 세르반테스에게는 완전히 창조적 도전이 된 작품이었습니다. 짧은 소설로 시작했지만 예상과는 달리 두 권의 장편 소설이 된 이 작품은, "기발한 이달고 돈 키호테 데 라 만차 1부(1605)"와 "기발한 기사 돈 키호테 데 라 만차 2부(1615)"로 구성되어 있습니다.

이 작품이 가지는 의의는 다음과 같습니다. 먼저 이 작품은 첫 번째 현대 소설이라고 불리는데, 그 당시의 소설의 주요 소재인 기사, 목가, 악동, 궁중 문화, 모로인 등에 대한 요소들이 완전한 백과사전식으로 구성되어 있고,

여러 가지 양식에 관한 주옥 같은 설명들이 화려한 레퍼토리로 구성되어 있기 때문입니다. 그리고 이 모든 이야기가 알려진 대로 방대한 양의 기사 소설을 탐닉한 라 만차 지방의 어느 딱한 이달고(일종의 시골 귀족)의 우스꽝스러운 이야기로 전개되어 있습니다.

우롱과 진실 사이에서 세르반테스는 보편적 인간의 위대한 가치를 믿으며 속임수와 우롱을 극복합니다. 이상주의, 사랑, 자유 등은 항상 돈 키호테와 산초 판사의 광기에 자양분을 공급하는데, 이를 멋지게 그려낼 수 있는 비결은 바로 이야기와 시의 완벽한 결합, 현실과 상상의 분리할 수 없는 조화, 그리고 삶과 문학의 본질적인 동일성 때문입니다.

돈 키호테는 라 만차 지방의 한 늙은 이달고의 이야기로, 그는 지속적으로 기사 소설을 읽다가 이야기에 미쳐서 '라 만차의 돈 키호테'라는 이름으로 자기가 편력 기사가 되기로 결심하게 됩니다. 종자로 삼은 산초 판사와 함께 여러 차례 마을을 떠나 모험을 찾아 나서는데, 그들의 모험은 항상 엉터리 같은 짓으로, 결국 자기들의 모험에 실망하고 지쳐서 마을에 돌아오고, 결국 병이 들어서야 광기에서 벗어납니다.

이 소설의 1부에서는 돈 키호테의 두 번의 출정 이야기를 다루고 있습니다. 여기에는 풍차와 양떼, 빨래 방망이, 갤리선 죄수들, 포도주 가죽부대 등과 맞서게 되며, 친구들의 개입으로 결국 마을로 돌아온다는 내용이 담겨 있습니다. 제 2부에서는 돈 키호테와 산초의 세 번째와 마지막 출정 이야기를 담고 있습니다. 여기에서는 공작 부부와 같이 지내며 이들이 두 주인공들을 우롱하는 모습이 그려집니다. 그 이후 돈 키호테는 마침내 바르셀로나에서 패배하며 마을로 돌아가게 되고, 일 년 동안 무기를 들지 않게 됩니다.

목차

El ingenioso caballero don Quijote de la Mancha

PRÓLOGO AL LECTOR

1 ¡Válgame Dios, con cuántas ganas esperarás, lector, este prólogo* para ver si me vengo del autor del segundo Don Quijote! Pues no te daré esta alegría. Castíguele su pecado y con su pan se lo coma. Lo que siento es que me llame viejo y manco. Yo no puedo parar el tiempo y mis heridas las sufrí en la guerra[1]. Además, no se escribe con las canas, sino con la razón, que mejora con los años.

Con su pan se lo coma: '마음대로 해라', '내 알 바 아니다'라는 뜻의 표현입니다.

cana는 '백발'을 의미합니다. 따라서 con las canas는 con la vejez와 동일한 뜻으로 '나이 들다'는 의미입니다.

Y no te digo nada más. Sólo considera que esta segunda parte de Don Quijote está escrita por el mismo autor que la primera. En ella te doy a don Quijote dilatado* y, al final, muerto y enterrado*. Así nadie se atreverá a escribir falsas historias sobre él.

prólogo *m.* 서문 | castigar *tr.* 벌주다, 벌하다 | pecado *m.* 죄, 잘못 | manco *m.* 외팔이 | dilatado/a 넓은 | enterrar *tr.* 묻다, 매장하다

1 la guerra: 여기서의 전쟁은 1571년 터키군과 스페인 군대 간에 일어난 레판토 해전(batalla de Lepanto)을 말합니다. 이 전쟁에서 세르반테스는 적의 총을 맞아 왼쪽 팔을 잃었습니다.

CAPÍTULO I

Conversación de don Quijote con el cura y el barbero

◀2 Cuenta Cide Hamete Benengeli[2], en la segunda parte de esta historia, que el cura y el barbero estuvieron un mes sin ver al hidalgo[3]. Un día decidieron visitarle para ver si estaba mejor. Acordaron no hablarle de la caballería andante.

Don Quijote estaba en la cama cuando llegaron el cura y el barbero. Fueron muy bien recibidos por él. Le preguntaron por su salud. Les respondió con mucho juicio y con elegantes palabras. Habló con tanta discreción que los dos creyeron que estaba cuerdo*.

La sobrina y la criada* daban gracias a Dios porque don Quijote ya no estaba loco. Pero el cura quería comprobarlo y le contó algunas noticias de la Corte. Le dijo que los turcos se acercaban con una poderosa armada*. Por eso, el rey mandó proveer las costas por miedo a un ataque.

caballería andante *f.* 편력 기사 | discreción *f.* 신중함 | cuerdo/a 제정신의 | criada *f.* 하인, 하녀 (*m.* criado) | armada *f.* 함대

2 Cide Hamete Benengeli: 세르반테스가 작품에서 돈 키호테의 저자로 만들어 낸 허구 인물로, 이슬람 역사가(이야기꾼)로 설정했습니다.

3 hidalgo: 스페인에만 있는 하급 귀족을 일컫는 말입니다.

A esto respondió don Quijote:

—Su Majestad ha actuado como un prudente* guerrero*. Pero debería tomar mi consejo.

El barbero preguntó a don Quijote cuál era su consejo.

—Su Majestad debería juntar en la corte a todos los caballeros andantes de España —dijo don Quijote—. Así se podría destruir a la armada turca.

—¡Ay! —dijo la sobrina—. ¡Mi señor quiere volver a ser caballero andante!

Entonces dijo don Quijote:

—Caballero andante he de morir.

Y el cura le dijo:

—Yo no me creo que los caballeros andantes fueran personas de carne y hueso. Todo es ficción* y mentira.

de carne y hueso는 '살과 뼈의'라는 뜻으로 '살아 있는', '실존하는'으로 해석할 수 있습니다.

—Muchos caen en ese error —respondió don Quijote—. Pero es tan verdad como que vi con mis propios ojos a Amadís de Gaula[4].

En ese momento, oyeron que la criada y la sobrina gritaban en el patio. Fueron todos a ver qué pasaba.

prudente 신중한, 주의 깊은 | guerrero/a 전쟁의, 싸우는 | ficción *f.* 공상, 허구

4 Amadís de Gaula: 스페인의 가장 중요한 기사 소설 '아마디스 데 가울라'의 주인공입니다.

CAPÍTULO II

Conversación entre don Quijote y Sancho

3 Cuenta la historia que las voces las daba Sancho Panza porque quería entrar a ver a don Quijote y la criada y la sobrina no le dejaban pasar. La criada decía:

> 직접 목적어인 las voces가 동사 앞으로 나가면, 직접 목적격 대명사 las를 동사 앞에 다시 써야 합니다.

—¿Qué quiere este bruto?* Vos sois quien lleva a mi señor por esos andurriales.

—Criada del diablo* —respondió Sancho—. El llevado por esos andurriales soy yo. Él me prometió una ínsula, que aún espero.

> ínsula는 여기서 매우 작은 곳이자 실체가 없는 곳을 의미합니다.

—Malas ínsulas te ahoguen —respondió la sobrina—. Y ¿qué son ínsulas? ¿Es cosa de comer, comilón?

> ahoguen은 접속법 형태로 문장 앞에 deseo que~가 생략되어 사용된 것입니다. '~했으면 좋겠다'는 의미르 사용됩니다.

—No es de comer —contestó Sancho—, sino de gobernar.

—Pues id a gobernar vuestra casa —dijo la criada— y dejaos de ínsulas ni ínsulos.

bruto *m.* 멍청한 사람, 바보(*f.* bruta) | andurrial *m.* 길이 없는 곳, 샛길(주로 복수로 사용됨.) | diablo *m.* 악마 | comilón *m.* 대식가, 먹보(*f.* comilóna)

Don Quijote hizo callar a las dos y le dejaron entrar. Entró Sancho, y el cura y el barbero se despidieron de don Quijote. Los dos estaban preocupados por los disparatados pensamientos del hidalgo.

El cura le dijo al barbero:

—Ya verás como nuestro hidalgo sale otra vez a buscar aventuras.

—No lo dudo —respondió el barbero.

Mientras, don Quijote se encerró con Sancho en su habitación. Estando solos, le dijo:

—Dime, Sancho amigo, ¿qué dicen de mí por el pueblo?

—Se lo diré de muy buena gana, señor mío —respondió Sancho—. Pero prométame que no se enfadará.

—De ninguna manera me enfadaré —respondió don Quijote—. Habla libremente y sin rodeos.

—El pueblo cree que vuestra merced está loco y que yo soy tonto —dijo Sancho—. Pero si quiere saber todo lo que dicen, traeré a alguien que se lo contará. Anoche* llegó el bachiller Sansón Carrasco.

vuestra merced은 상대방을 가리키는 정중한 표현으로 여기서는 산초가 자신의 주인인 돈 키호테를 가리키는 표현입니다.

disparatado/a 상식을 벗어난, 엉터리의 | sin rodeos 숨김없이, 기탄없이 | anoche 어젯밤에 | bachiller *m.* 학사

Me dijo que nuestra historia estaba escrita en un libro titulado* Ingenioso hidalgo don Quijote de la Mancha. Dice también que hablan de mí por mi nombre de Sancho Panza y también de la señora Dulcinea del Toboso[5]. El libro cuenta cosas que pasamos nosotros a solas y no me explico cómo las supo el historiador que las escribió.

—Seguro, Sancho —dijo don Quijote—, que el autor de nuestra historia es un sabio encantador.

—Así será —replicó Sancho—. Traeré a Sansón si vuestra merced quiere.

—Me encantará, amigo —dijo don Quijote.

—Pues voy por él —respondió Sancho.

Y, dejando a su señor, se fue a buscar al bachiller.

titulado/a 제목을 붙인 | encantador(a) 매혹적인, 마법을 부리는

5 Toboso: 현재 이야기의 배경이 되는 곳으로 톨레도(Toledo)의 한 마을

CAPÍTULO III

Conversación con Sansón Carrasco

4 Don Quijote quedó pensativo esperando a Sansón Carrasco. Así lo encontraron Sancho y el bachiller. Don Quijote lo recibió con mucha cortesía.

Aunque se llamaba Sansón, el bachiller era pequeño de cuerpo. Era gran burlón y de buen entendimiento. Al ver a don Quijote, se arrodilló y le dijo:

—Deme vuestra grandeza las manos, señor don Quijote de la Mancha. Vuestra merced es uno de los más famosos caballeros andantes de la tierra.

Don Quijote le hizo levantar y dijo:

—Entonces, ¿es verdad que hay una historia mía?

—Es verdad —dijo Sansón—. Hoy están impresos* más de doce mil libros de vuestra historia.

—Dígame, señor bachiller —dijo don Quijote—, ¿qué hazañas mías son las más admiradas?

burlón(a) 장난기가 많은 | arrodillarse 무릎을 꿇다 | impreso/a 인쇄된 | hazaña *f.* 공적, 위업

—En eso —respondió el bachiller—, hay diferentes opiniones: unos prefieren la aventura de los molinos de viento. Otros la de los batanes, o la de los rebaños, o la del cuerpo muerto, o la de la libertad de los galeotes, o la batalla con el vizcaíno. Todas están en el libro, hasta los saltos de Sancho en la manta.

—Saltos en la manta no di, sino en el aire —dijo Sancho—. Por cierto, también dicen que soy yo uno de los principales presonajes de la historia.

—Personajes, que no presonajes —dijo Sansón—. Vos sois la segunda persona de la historia. Se dice que sois bastante ingenuo* por creeros lo del gobierno de la ínsula.

presonaje는 personaje의 잘못된 표현으로 산초가 평민 신분이라는 것을 보여 주는 대목입니다.

—Aún es posible —dijo don Quijote—. Pedidlo a Dios, que no se mueve una hoja en el árbol sin su voluntad.

—Una de las faltas que ponen a la historia —dijo el bachiller— es que su autor puso en ella una novela titulada El curioso impertinente. No por mala, sino por no tener que ver con la historia de don Quijote.

—Ahora digo que el autor de mi historia fue algún ignorante* hablador —dijo don Quijote—. Harán falta explicaciones para entenderla.

ingenuo/a 솔직한, 순진한, 천진난만한 | ignorante *m.f.* 무식자

—Eso no —respondió Sansón—, porque es tan clara que los niños la manosean, los mozos la leen, los hombres la entienden y los viejos la celebran.

—Y por casualidad* —dijo don Quijote—, ¿promete el autor segunda parte?

—Sí promete —respondió Sansón—, pero dice que no ha encontrado quién la tiene. Así que no se sabe si saldrá o no.

A lo que dijo Sancho:

—Si mi señor siguiese mi consejo, ya estaríamos deshaciendo agravios y enderezando tuertos.

- deshacer agravios: 손해를 없애다
- enderezar tuertos: 부당함(애꾸눈)을 바로잡다

En ese momento, oyeron relinchos de Rocinante. Don Quijote pensó que era una buena señal y decidió hacer otra salida en unos días. Se lo dijo al bachiller y le preguntó por dónde empezar el viaje. El bachiller le respondió que debía ir a Zaragoza porque había unas justas muy importantes. Acordaron que la salida sería en ocho días. Don Quijote pidió al bachiller que no dijese nada a nadie. No quería que se lo impidiesen. Todo lo prometió Sansón Carrasco y él, por su parte, pidió a don Quijote que le contase todas sus aventuras. Después, se despidieron y Sancho fue a preparar lo necesario para su viaje.

manosear *tr.* 만지작거리다, 손으로 가지고 놀다 | mozo *m.* 젊은이, 청년 (*f.* moza) | casualidad *f.* 우연, 우연의 사건 | relincho *m.* 말의 울부짖음 | justa *f.* 마상 창 시합

CAPÍTULO IV

Conversación entre Sancho Panza y su mujer Teresa Panza

5 (El traductor* de esta historia dice que este capítulo es falso porque en él Sancho Panza dice cosas tan ingeniosas que no pueden ser suyas. Sin embargo, no quiso dejar de traducirlo por cumplir con su trabajo.)

Sancho llegó a su casa muy alegre. Su mujer le preguntó:

—¿Por qué vienes tan alegre?

A lo que Sancho respondió:

—Mujer mía, si Dios quisiera, bien me alegraría yo de no estar tan contento.

—No os entiendo, marido —replicó ella—. Que aunque tonta, no sé yo quién recibe gusto de no tenerlo.

—Mirad, Teresa, estoy alegre porque voy a servir a mi señor don Quijote otra vez. Pero mi alegría se mezcla con la tristeza de dejarte.

traductor *m.* 번역가(*f.* traductora)

—Mirad, Sancho —contestó Teresa—, desde que estáis en la caballería andante no se os entiende al hablar.

—Basta que me entienda Dios —respondió Sancho—. Os digo, mujer, que me caiga muerto ahora si no seré gobernador de una ínsula.

que me caiga muerto는 그가 하는 말이 명백한 진실임을 맹세하는 표현입니다.

—Si consigues algún gobierno —dijo Teresa—, no te olvides de mí y de tus hijos.

—Estoy seguro —respondió Sancho— de que si Dios me da un gobierno, casaré a nuestra hija con un conde*.

—Eso no, Sancho —respondió Teresa—. Lo más acertado es casarla con su igual.

—Cásese a Mari Sancha con quien yo quiera —replicó Sancho—. Ella será condesa*, digas lo que digas.

digas lo que digas: 무슨 말을 하든

—¿Ves lo que dices, marido? —respondió Teresa—. Temo que este condado de mi hija será su perdición. Haz lo que quieras,pero no será con mi aprobación. Vete con don Quijote a vuestras aventuras y déjanos a nosotras con nuestra mala suerte.

—Ven acá, ignorante —replicó Sancho—. ¿Por qué no quieres lo que yo quiero?

—¿Sabéis por qué, marido? —respondió Teresa—. Porque a los ricos que fueron pobres se los critica* y maldice*.

conde *m.* 백작 | condesa *f.* 백작 부인 | condado *m.* 백작령 | criticar *tr.* 비난하다, 비판하다 | maldecir *tr.* 저주하다

—Mira, Teresa, según dijo un predicador, si vemos a una persona bien vestida y con criados, la respetamos. Pues así será.

—Yo no os entiendo, marido —replicó Teresa—. Haced lo que queráis.

—Entonces, estamos de acuerdo —dijo Sancho— en que nuestra hija será condesa.

—El día que yo la vea condesa —respondió Teresa—, ese día pensaré que la entierro. Pero ya os digo que hagáis lo que queráis. Las mujeres nacemos para obedecer a nuestros maridos, aunque sean tontos.

En esto, comenzó a llorar y Sancho la consoló. Así acabó su conversación y Sancho fue a ver a don Quijote para preparar la salida.

predicador *m.* 설교자(*f.* predicadora) | consolar *tr.* 위로하다

CAPÍTULO V

Don Quijote y Sancho preparan su tercera salida

◀6 Mientras Sancho Panza y su mujer conversaban, la criada y la sobrina de don Quijote estaban preocupadas. Sospechaban que su señor quería buscar aventuras de nuevo. Intentaban apartarle de esa idea, pero era predicar en el desierto[6].

—¡Señor mío! —dijo la sobrina—. Todo lo que dice de los caballeros andantes es mentira.

—Si no fueras mi sobrina —dijo don Quijote— te castigaría por la blasfemia que has dicho.

En ese momento, llamó Sancho a la puerta. Le abrió la sobrina y don Quijote salió a recibirlo con los brazos abiertos. Después se encerraron en su habitación para hablar.

desierto *m.* 사막, 불모지 | blasfemia *f.* (신을) 모독하는 말

6 predicar en el desierto: 우리나라 속담 중 '쇠귀에 경 읽기'와 동일한 의미를 지닌 스페인어 표현입니다.

Cuando la criada vio que Sancho se encerraba con su señor, imaginó lo que tramaban*. Supuso que preparaban la tercera salida. Así que fue a buscar a Sansón Carrasco para que hiciese cambiar de opinión a don Quijote. La criada encontró al bachiller paseándose por el patio de su casa. Cuando Carrasco la vio tan sobresaltada, le dijo:

—¿Qué le pasa, señora criada?

—Señor Sansón, no es nada, sino que don Alonso se sale.

—¿Por dónde se sale, señora? —preguntó Sansón—. ¿Se le ha roto alguna parte del cuerpo?

—Se sale por la puerta de su locura —respondió ella—. Quiere salir otra vez a buscar aventuras.

Sansón tranquilizó a la criada y le dijo que iría más tarde para hablar con don Quijote, lo que se dirá a su tiempo.

Durante el tiempo que don Quijote y Sancho estuvieron encerrados, cuenta la historia que tuvieron la siguiente conversación:

Dijo Sancho al caballero:

—Señor, ya tengo relucida a mi mujer para que me deje ir con vuestra merced donde quiera llevarme.

본문에서는 산초가 reducida(돌리다, 변하다)의 단어를 써야 하는데 잘못된 표현 relucida를 쓴 것입니다.

tramar *tr.* (못된 일을) 꾀하다, 꾸미다, 공모하다 | relucir *intr.* 번쩍이다, 빛나다

—*Reducida* debes decir, Sancho —dijo don Quijote—, no *relucida*. Y, ¿qué dice Teresa?

—Teresa dice —dijo Sancho— que ate bien mi dedo con vuestra merced. Y yo digo que el consejo de la mujer es poco, y que quien no lo toma es loco.

—Yo también lo digo —respondió don Quijote—. Continúa hablando, Sancho amigo.

—Como vuestra merced sabe —replicó Sancho—, todos moriremos. Así que dígame qué salario ganaré cada mes.

—Mira, Sancho —respondió don Quijote—, nunca leí que los caballeros andantes den salario a sus escuderos. Sólo sé que cuando menos lo esperaban, eran premiados con una ínsula. Si con estas esperanzas quieres servirme, sea en buena hora. Así que, Sancho mío, volved a casa y decidle mi intención a vuestra Teresa. Si ella y tú estáis de acuerdo, bien; si no, tan amigos como antes. A mí no me faltarán escuderos más obedientes y menos habladores que tú. Estando Sancho pensativo por la respuesta de su señor, llegó Sansón a casa de don Quijote, lo abrazó y le dijo:

sea en buena hora는 '동의하다', '좋다'는 의미입니다.

—¡Oh flor de la andante caballería! Póngase en camino y si le falta algo, aquí estoy yo para ser su escudero.

escudero/a 종자의 | obediente 순종하는, 복종하는

—¿No te dije, Sancho —dijo don Quijote—, que me sobrarían escuderos? Pero, quédese Sansón en su patria, que yo con cualquier escudero estaré contento, ya que Sancho no quiere venir conmigo.

—Sí quiero —respondió Sancho con los ojos llenos de lágrimas—. He hablado del salario por satisfacer a mi mujer. Pero el hombre debe ser hombre en todas partes y también en su casa. Así que no hay más que hablar. Pongámonos en camino.

Finalmente, don Quijote y Sancho se abrazaron y quedaron amigos. Con el parecer y beneplácito del bachiller Carrasco, se ordenó la partida de allí a tres días.

La criada y la sobrina maldijeron al bachiller por animar a don Quijote en sus desvaríos.

Pasados tres días, salieron caballero y escudero camino del Toboso. Salieron al anochecer sin que nadie los viese.

sin que: ~하지 않게

beneplácito *m.* 승낙, 허가 | desvarío *m.* 헛소리, 정신 착란

CAPÍTULO VI

Tercera salida

7 «¡Bendito sea el poderoso Alá!», dice Hamete Benengeli al comenzar de nuevo las aventuras de don Quijote y Sancho. Cuenta que iban camino del Toboso. Que pasó una noche y un día sin sucederles nada. Finalmente, al anochecer, descubrieron la gran ciudad del Toboso. Don Quijote se alegró mucho, pero Sancho no. Ni conocía la casa de Dulcinea ni la vio en su vida. Don Quijote ordenó entrar en la ciudad por la noche. Mientras esperaban, descansaron entre unos árboles.

A medianoche don Quijote y Sancho entraron en el Toboso. El pueblo estaba en silencio. Todos sus vecinos dormían a pierna suelta y sólo se oían ladridos de perros

Don Quijote dijo a Sancho:

—Sancho, guía al palacio de Dulcinea. Quizás esté despierta.

a pierna suelta 마음 편히, 걱정 없이 | ladrido *m.* 개 짖는 소리

—¿A qué palacio? —respondió Sancho—. Yo vi a Dulcinea en una casa muy pequeña. Además, ¿son horas estas de encontrar la puerta abierta? ¿Vamos a casa de nuestras mancebas, como hacen los amancebados que llegan, llaman y entran a cualquier hora?

—Busquemos primero el palacio y luego te diré lo que haremos —replicó don Quijote—. Mira, Sancho, allí hay un bulto* grande que debe de ser el palacio de Dulcinea.

—Pues guíe vuestra merced —respondió Sancho.

Guió don Quijote y descubrió que el bulto era la torre de la iglesia.

Y dijo:

—Con la iglesia hemos dado, Sancho.

—Ya lo veo —respondió Sancho—. Pida a Dios que no encontremos nuestra sepultura. No es buena señal andar por los cementerios* a estas horas. Además, ya le dije que la casa de esta señora está en una calle sin salida.

—¡Maldito seas de Dios, imbécil! —dijo don Quijote—. ¿Dónde has visto que los palacios estén en calles sin salida?

—¿Cómo quiere que encuentre la casa de nuestra señora —respondió Sancho— si sólo la vi una vez? ¿Cómo voy a encontrarla si vuestra merced la habrá visto miles de veces y tampoco la encuentra?

manceba *f.* 어린 소녀 | amancebado/a 내연 관계에 있는 | bulto *m.* 큰 것, 또렷하지 않은 것 | guiar *tr.* 안내하다 | sepultura *f.* 무덤, 묘 | cementerio *m.* 공동묘지 | imbécil 멍청한, 우둔한

—Tú me harás desesperar, Sancho —dijo don Quijote—. ¿No te he dicho mil veces que nunca he visto a la hermosa Dulcinea y que sólo estoy enamorado de oídas?

—Ahora lo oigo —respondió Sancho—, y pues vuestra merced no la ha visto, ni yo tampoco...

—Eso no puede ser —replicó don Quijote—. Por lo menos la viste una vez cuando le trajiste la carta.

—También fue de oídas la vista y la respuesta —respondió Sancho.

—Sancho, Sancho —respondió don Quijote—, hay momentos para las burlas y otros donde parecen mal. Porque yo diga que ni vi ni hablé con la señora de mi alma, tú no debes decir lo mismo.

—Señor, se va a hacer de día —dijo Sancho— y no conviene que nos vean en la calle. Será mejor salir de la ciudad. Yo volveré de día y buscaré el palacio de mi señora.

—Me parece bien —dijo don Quijote—. Ven, hijo, vamos a buscar un sitio donde te esperaré mientras buscas a mi señora.

Sancho se desesperaba por sacar a su señor del pueblo. No quería que averiguase la mentira sobre la carta de Dulcinea. Así que se dio prisa en salir. A unos metros encontraron un bosque donde don Quijote se quedó esperando a Sancho.

de oído 귀동냥으로 | burla *f.* 조롱, 농담

CAPÍTULO VII

Encantamiento de Dulcinea

8 Al llegar el autor de esta gran historia a contar lo que sigue, dice que preferiría callarlo. Teme que no se crean las locuras de don Quijote. Finalmente, aunque con miedo, las escribió sin añadir ni quitar nada a la historia.

Y así, continuando la historia, dice que don Quijote se metió en el bosque y mandó a Sancho volver al Toboso.

—Anda, hijo —replicó don Quijote—, y no te turbes* al ver la luz del sol de hermosura* que vas a buscar. ¡Dichoso tú sobre todos los escuderos del mundo!

Sancho dio la vuelta y fue otra vez hacia el Toboso. Estaba confuso y pensativo. Cuando salió del bosque, volvió la cabeza y no vio a don Quijote. Entonces se bajó del burro y comenzó a hablar consigo mismo.

encantamiento *m.* 주문, 마법 | turbar *tr.* 당황하게 하다, 허둥지둥하게 하다 | hermosura *f.* 아름다움 | dichoso/a 행복한

—Sepamos ahora, Sancho hermano, dónde vas. ¿Qué vas a buscar? A una princesa*. ¿Adónde? A la gran ciudad del Toboso. ¿Y la has visto algún día? Ni yo ni mi señor la vimos nunca. ¡El diablo, el diablo me ha metido a mí en esto! Pero todas las cosas tienen remedio. Mi señor es un loco de atar. Y yo también, por seguirlo y servirlo, que, como dice el refrán*: «Dime con quién andas y te diré quién eres». Como está loco, le haré creer que la primera labradora que encuentre es la señora Dulcinea.

Dime con quién andas y te diré quién eres.는 '유유상종'을 의미하는 표현입니다.

Sancho se tranquilizó con este pensamiento. Decidió esperar hasta la tarde para volver con su señor. Pero cuando iba a subir sobre su burro, vio a tres labradoras venir del Toboso. En cuanto las vio, fue corriendo a buscar a su señor don Quijote. Cuando don Quijote lo vio, le dijo:

—¿Qué pasa, Sancho amigo? ¿Traes buenas noticias?

—Muy buenas —respondió Sancho—. La señora Dulcinea del Toboso viene con dos doncellas a ver a vuestra merced.

—¡Santo Dios! ¿Qué es lo que dices, Sancho amigo? —dijo don Quijote—. No me engañes, ni quieras alegrar mis verdaderas tristezas con falsas alegrías.

princesa *f.* 공주 | loco de atar 미친 사람같이 행동하는 | refrán *m.* 속담, 격언 | doncella *f.* 처녀, 아가씨

—¿Qué saco yo engañándolo? —respondió Sancho—. Venga y verá venir a la princesa, nuestra ama, vestida y adornada como quien ella es.

—Vamos, Sancho hijo —respondió don Quijote. Salieron del bosque y descubrieron cerca a las tres aldeanas. Don Quijote miró por todo el camino, pero sólo vio a las tres labradoras sobre tres burros. Muy alterado*, le preguntó a Sancho dónde estaban Dulcinea y sus doncellas. Éste le contestó:

—¿Por ventura, tiene vuestra merced los ojos en la nuca? ¿No ve que son las que vienen por aquí, brillantes como el sol a mediodía?

—Yo sólo veo, Sancho —dijo don Quijote—, a tres labradoras sobre tres burros.

—¡Que me libre Dios del diablo! ¿Es posible que tres jacas blancas como la nieve le parezcan burros? Calle, señor —dijo Sancho—. Abra los ojos y haga reverencia a la señora de sus pensamientos.

Diciendo esto, se adelantó a recibir a las tres aldeanas. Se bajó del burro, se arrodilló y dijo:

adornado/a 치장한, 꾸민 | aldeano/a 시골 태생의 | alterado/a 흥분된, 불안한 | nuca *f.* 목덜미 | jaca *f.* 조랑말 | reverencia *f.* 인사, 경례

—Reina y princesa de la hermosura. Reciba con buena actitud a vuestro cautivo* caballero. Yo soy Sancho Panza, su escudero. Él es don Quijote de la Mancha, llamado también el Caballero de la Triste Figura.

Don Quijote también se arrodilló junto a Sancho. Miraba con ojos desencajados a la que Sancho llamaba reina y señora. A él le parecía una moza fea y carirredonda. Estaba tan sorprendido que no se atrevía a abrir la boca. Las labradoras también estaban sorprendidas. Como no les dejaban pasar, la fingida Dulcinea dijo:

—Apártense ahora del camino y déjennos pasar, que tenemos prisa.

A lo que respondió Sancho:

—¡Oh princesa y señora universal del Toboso! ¿Cómo no se ablanda* vuestro corazón al ver arrodillado a la columna de la andante caballería?

Al oírlo, dijo otra de las labradoras:

—¡Mirad los señoritos que vienen a burlarse* de las aldeanas! Sigan su camino y déjennos hacer el nuestro.

cautivo *m.* 포로(*f.* cautiva) | desencajado/a 일그러진 | carirredondo/a 얼굴이 둥근 | ablandar *tr.* 느슨하게 하다, 부드럽게 하다 | burlarse 놀리다, 조롱하다

—Levántate, Sancho —dijo entonces don Quijote—, que la Fortuna no se cansa de mis males. Y tú, ¡único remedio de mi triste corazón! El maligno* encantador que me persigue ha puesto nubes y cataratas en mis ojos. Ha transformado tu hermosura y rostro en el de una labradora pobre. Pero tú no dejes de mirarme amorosamente y fíjate en la humildad con que mi alma te adora.

—¡Abuelo, apártese y déjenos ir! —respondió la aldeana.

Sancho se apartó y las dejó irse. Estaba muy contento porque salió bien su engaño*. Don Quijote las siguió con la vista. Cuando desaparecieron, se volvió a Sancho y le dijo:

—Sancho, ¿qué te parece lo mal que me quieren los encantadores? Su malicia me ha quitado la alegría de ver a mi señora en su ser.

—¡Oh canalla! —gritó Sancho.

—Soy el más desgraciado* de los hombres —dijo don Quijote.

Sancho se esforzaba por disimular la risa al oír a su señor. Luego, después de hablar un rato sobre el encantamiento de Dulcinea, montaron en sus animales y siguieron el camino a Zaragoza.

maligno/a 악의가 있는 | perseguir *tr.* 쫓아다니다 | catarata *f.* 폭포 | amorosamente 사랑스럽게 | humildad *f.* 겸손 | engaño *m.* 사기, 속임수 | malicia *f.* 악의 | canalla *f.* 악당, 비열한 사람 | desgraciado/a 불행한, 불운한

CAPÍTULO VIII

Aventura del carro de la muerte

9 Don Quijote iba pensativo por la burla de los encantadores. No imaginaba qué remedio tenía el encantamiento de Dulcinea. Entonces apareció un carro con los más diversos y extraños personajes. El carretero era un feo demonio. También estaba la Muerte, un ángel, un emperador, el dios Cupido y otras personas con diferentes trajes. Al verlos, don Quijote se alborotó y Sancho tuvo miedo, pero, al momento, don Quijote se alegró. Pensaba que era una nueva y peligrosa aventura. Se puso delante del carro y con voz alta y amenazadora dijo:

—Carretero o diablo, dime quién eres, dónde vas y quién es la gente que va en el carro.

El diablo respondió:

carretero *m.* 마부, 수레를 끄는 사람 | demonio *m.* 악마 | alborotar *tr.* 불안하게 하다 | amenazador(a) 협박하는, 위협적인

—Señor, somos comediantes de la compañía de Angulo el Malo. Hemos representado en un pueblo la obra de Las Cortes de la Muerte. Esta tarde vamos a hacerlo en otro pueblo. Por eso llevamos todavía los vestidos de la representación.

—Imaginé que se me ofrecía alguna gran aventura —respondió don Quijote—. Sin embargo, es necesario tocar las apariencias con la mano para desengañarse. Andad con Dios, buena gente, y haced vuestra fiesta.

comediante *m.* 배우, 희극 배우 (*f.* comedianta) | desengañar *tr.* (잘못을) 인식하다, 깨닫다

CAPÍTULO IX

Aventura del Caballero de los Espejos

10 Por la noche, don Quijote y su escudero descansaron debajo de unos altos árboles. Los dos se quedaron dormidos. Pero, poco después, los despertó un ruido. Don Quijote se levantó y se puso a mirar y a escuchar. Vio que eran dos hombres a caballo. Uno de ellos bajó del caballo y dijo al otro:

—Bájate, amigo. Este sitio tiene mucha hierba para los caballos y silencio para mis amorosos pensamientos.

Después, el hombre se tumbó* en el suelo e hicieron ruido las armas que llevaba. Don Quijote supuso, por tanto, que era caballero andante. Entonces, se acercó a Sancho y lo despertó. En voz baja le dijo:

—Hermano Sancho, tenemos aventura.

—Dios nos la dé buena —respondió Sancho—. ¿Dónde está esa aventura?

tumbarse 드러눕다 | arma *f.* 무기

—¿Dónde, Sancho? —replicó don Quijote—. Mira allí. Verás tumbado a un caballero andante.

—Pero, ¿por qué sabe vuestra merced —dijo Sancho— que es una aventura?

—No quiero decir —respondió don Quijote— que sea aventura del todo, pero sí el principio. Así se comienzan las aventuras. Pero escucha, parece que está templando un laúd y va a cantar algo.

—Parece que sí —respondió Sancho— y debe de ser caballero enamorado.

—No hay ninguno que no lo sea —dijo don Quijote—. Vamos a escucharlo.

Los dos oyeron atónitos el soneto que cantó el Caballero del Bosque. Con un ¡ay! arrancado de lo íntimo de su corazón, dio fin a su canto.

Poco después, con voz lastimera, dijo:

—¡Oh la más hermosa y la más ingrata mujer del mundo! ¿No es suficiente haber hecho que todos los caballeros confiesen* que eres la más hermosa del mundo?

—Eso no —dijo don Quijote—, que yo nunca confesé eso. Pero, sigamos escuchando.

templar *tr.* (악기를) 조율하다 | laúd *m.* 류트 (만돌린 비슷한 악기) | soneto *m.* 소네트, 14행 시 | atónito/a 아연실색하는 | lastimero/a 슬픈, 동정할 만한 | ingrato/a 배은망덕한, 은혜를 모르는 | confesar *tr.* 고백하다

Sin embargo, el Caballero del Bosque se calló porque oyó que alguien hablaba cerca de él. Se puso en pie y dijo con voz sonora:

—¿Quién está ahí? ¿Sois de los contentos o de los tristes?

—De los tristes —respondió don Quijote.

—Pues venga a mí —respondió el del Bosque.

Don Quijote se acercó a él. El caballero cogió a don Quijote del brazo y le dijo:

—Sentaos aquí, señor caballero. Por suerte, ¿estáis enamorado? —preguntó el del Bosque.

—Por mala suerte lo estoy —respondió don Quijote.

Mientras hablaban, el escudero del caballero del Bosque cogió a Sancho por el brazo y le dijo:

—Vámonos donde podamos hablar escuderilmente. Dejemos a nuestros amos contándose las historias de sus amores.

—Sea en buena hora —dijo Sancho.

escuderilmente 종자로, 방패지기로

CAPÍTULO X

Continúa la aventura del Caballero del Bosque

11 El Caballero del Bosque contó a don Quijote quién era su amada y qué cosas hizo por ella. Entre estas cosas, dijo a don Quijote:

—Estoy orgulloso* de haber vencido al famoso caballero don Quijote de la Mancha. Él confesó que mi Casildea es más hermosa que su Dulcinea.

Don Quijote quedó admirado por lo que decía el Caballero del Bosque. Le dijo tranquilamente:

—Vuestra merced vencería a casi todos los caballeros andantes de España. Pero no a don Quijote de la Mancha.

—¿Cómo no? —replicó el del Bosque—. Juro que peleé con don Quijote y lo vencí.

—Aquí está el mismo don Quijote —dijo el de la Triste Figura—, y me defenderé de sus mentiras.

orgulloso/a 자랑스러운 듯한 | vencido/a 패배한 | admirado/a 놀란, 감탄한 | tranquilamente 침착하게, 차분하게

Diciendo esto, se levantó y cogió la espada*. El Caballero del Bosque respondió:

—El que una vez os venció, tiene esperanza de rendiros de nuevo. Pero esperemos el día para que el sol vea nuestras obras. El vencido quedará a voluntad del vencedor. Hará todo lo que se le ordene.

—Me parece bien esa condición —respondió don Quijote.

Después fueron donde estaban sus escuderos. Estaban roncando. Los despertaron y les mandaron preparar los caballos para la batalla. Los dos escuderos fueron a buscar a los animales y en el camino, dijo el del Bosque a Sancho:

—Es costumbre, hermano, que nosotros peleemos también mientras nuestros amos pelean.

—Esa costumbre no es para los escuderos de los caballeros andantes —respondió Sancho—. Nunca he oído a mi señor decirlo. Además, no puedo pelear sin espada.

—Yo sé un remedio —dijo el del Bosque—. Traigo dos talegas. Tú tomarás una y yo otra y pelearemos a talegazos.

—Señor mío, yo no pelearé —respondió Sancho—, que peleen nuestros amos.

espada *f.* 검, 칼 | rendir *tr.* 타파하다 | roncar 코를 골다 | talega *f.* 자루 | talegazo *m.* 자루로 때리기

En esto, se hizo de día. Lo primero que vio Sancho fue la nariz del otro escudero. Era tan grande que casi le hacía sombra a todo el cuerpo. Era demasiado grande, llena de verrugas y de color morado. Le afeaba tanto el rostro, que Sancho empezó a temblar al verlo. Don Quijote miró a su rival*. Tenía puesto el casco*, así que no pudo verle el rostro. Pero notó que era un hombre fuerte y no muy alto. Sobre las armas llevaba una capa con espejos en forma de lunas pequeñas. Don Quijote miró todo y pensó que su rival debía de tener grandes fuerzas. Luego le dijo:

—Señor caballero, levantad la visera para que os vea el rostro.

—Vencido o vencedor, señor caballero —respondió el de los Espejos—, tendréis tiempo de verme.

Subieron los dos a caballo y tomaron la distancia conveniente para la batalla. No se apartó don Quijote veinte pasos cuando oyó decir al de los Espejos:

—Recordad, señor caballero, que el vencido quedará a disposición del vencedor.

—Lo sé —respondió don Quijote.

verruga *f.* 사마귀, 혹 | afear *tr.* 추하게 하다, 더럽게 하다 (afearse: 추해지다, 더러워지다) | rostro *m.* (사람의) 얼굴 | rival 경쟁의 | casco *m.* 투구, 헬멧 | visera *f.* (투구의) 앞 차양

Don Quijote vio entonces las narices del escudero y no se admiró menos que Sancho. Éste, al ver partir a su señor, no quiso estar solo con el narigudo y se fue tras don Quijote. Y le dijo:

no menos que ~: '~보다 덜 하지 않다'는 뜻으로 '~만큼이나'를 크현할 때 쓰입니다.

—Le suplico, señor mío, que me ayude a subir a aquel árbol. Allí podré ver mejor la batalla.

—Creo, Sancho —dijo don Quijote—, que quieres subir al árbol para evitar el peligro.

—La verdad —respondió Sancho— es que me dan miedo las narices del escudero. No me atrevo a estar junto a él.

—Ven, te ayudaré a subir donde dices —dijo don Quijote.

Mientras don Quijote ayudaba a Sancho, el Caballero de los Espejos tomó la distancia necesaria. Como creía que don Quijote había hecho lo mismo, dio la vuelta al caballo. Sin esperar ninguna señal, fue a todo correr hacia su enemigo. Cuando lo vio ocupado con Sancho, se detuvo en la mitad de la carrera. Su caballo lo agradeció muchísimo porque ya no podía moverse.

narigudo/a 코가 큰

Pero como don Quijote sintió que su enemigo venía volando, hizo correr a Rocinante como nunca. Llegó donde estaba el de los Espejos. No podía mover a su caballo ni un dedo y don Quijote le golpeó con tanta fuerza que lo tiró al suelo. Fue tan grande la caída que no se podía mover. Parecía que estaba muerto.

ni un dedo: 전혀, 아무것도 ~ 못하다

Sancho fue corriendo donde estaba su señor. Mientras, don Quijote se bajó de Rocinante y le quitó el casco al caballero para ver si estaba muerto. Entonces vio el rostro del bachiller Sansón Carrasco y dijo:

—¡Ven, Sancho, mira lo que vas a ver y no vas a creer!

Llegó Sancho y cuando vio el rostro del bachiller se hizo mil cruces. Como no daba muestras de estar vivo, Sancho dijo a don Quijote:

se hacer mil cruces: 여러 차례 성호를 긋다

—Señor mío, métale la espada por la boca. Quizá matará a alguno de sus enemigos los encantadores.

—No dices mal —dijo don Quijote—, porque de los enemigos, los menos.

Sacó la espada e iba a seguir el consejo de Sancho cuando llegó el otro escudero. Venía gritando sin las narices:

—Señor don Quijote, ése es el bachiller Sansón Carrasco, su amigo, y yo soy su escudero.

Al verlo Sancho sin las narices, le dijo:

—¿Y las narices?

El otro respondió:

—Aquí las tengo.

Sacó del bolsillo unas narices hechas de pasta. Sancho lo miraba y lo miraba, y al final exclamó:

—¡Santa María! ¿Eres Tomé Cecial, mi vecino?

—Claro que lo soy —respondió el escudero.

Entonces volvió en sí el de los Espejos. Don Quijote le puso la punta de la espada en la cara y le dijo:

—Muerto sois, caballero, si no confesáis que Dulcinea es más bella que vuestra Casildea.

—Confieso —dijo el caballero.

—También tenéis que confesar —añadió don Quijote— que no vencisteis a don Quijote de la Mancha. Debió de ser otro que se parecía. Igual que os parecéis al bachiller Sansón Carrasco y no lo sois.

—Todo lo confieso —respondió el caballero—. Dejadme levantar, os lo ruego.

volver en sí 제정신으로 돌아오다

Don Quijote y Tomé Cecial le ayudaron a levantarse. Sancho no apartaba los ojos del escudero. Le preguntaba cosas para ver si era verdaderamente Tomé Cecial. Pero no podía creer lo que veía. Según su señor, los encantadores cambiaron la figura del Caballero de los Espejos por la del bachiller. Por tanto, lo mismo debieron hacer con la figura de su escudero. Finalmente, caballero y mozo quedaron engañados. El de los Espejos y su escudero se marcharon. Don Quijote y Sancho continuaron su camino a Zaragoza.

Pero el caballero de los Espejos era realmente el bachiller Sansón Carrasco. El bachiller había preparado un plan para que don Quijote no buscase más aventuras. Decidió dejar salir a don Quijote. Él lo seguiría como caballero andante. Después pelearían y vencería a don Quijote. Entonces le obligaría a volver a su pueblo sin poder salir durante dos años. Así podrían buscar un remedio para su locura. Sansón se armó y Tomé Cecial se puso las narices falsas para no ser conocido por Sancho. Luego siguieron el mismo viaje que llevaba don Quijote. Finalmente, los encontraron en el bosque.

Tomé Cecial, al ver lo mal que había salido todo, dijo al bachiller:

—Señor Sansón Carrasco, tenemos nuestro merecido. Don Quijote loco, nosotros cuerdos: él se va sano y riendo y vuestra merced molido y triste. ¿Quién es más loco?

Sansón respondió:

—Hay una diferencia entre esos dos locos. El loco por fuerza lo es siempre y el que lo es por voluntad puede dejar de serlo cuando quiera.

—Así es —dijo Tomé Cecial—, yo fui loco por voluntad al ser vuestro escudero y ahora quiero dejar de serlo y volver a mi casa.

—Es vuestro derecho —respondió Sansón—. Pero yo no volveré a la mía hasta moler* a palos a don Quijote.

En esto llegaron a un pueblo donde Tomé Cecial dejó a Sansón y volvió a casa. Mientras, el bachiller quedó imaginando su venganza. La historia vuelve a hablar de él más adelante.

molido/a 가루가 된, 녹초가 된 | moler *tr.* 빻다, 녹초로 만들다, 망가뜨리다

CAPÍTULO XI

Encuentro con el Caballero del Verde Gabán

◀12 Don Quijote estaba muy contento. Imaginaba ser el caballero andante más valiente del mundo. Mientras continuaban su camino, don Quijote y Sancho Panza hablaban sobre los encantadores y encantamientos a que estaban sometidos. Don Quijote decía así:

sometido는 someter(정복하다, 진압하다)의 과거 분사형으로 estar 동사와 함께 쓰여 '~에 빠져 있는 상태'를 의미합니다.

—Todo es obra de los malignos magos que me persiguen. Vieron que yo ganaría la batalla y cambiaron el rostro de aquel caballero por el de mi amigo el bachiller. Ya sabes, ¡oh Sancho!, lo fácil que es para los encantadores cambiar unos rostros por otros. Convierten lo hermoso en feo y lo feo en hermoso. Hace dos días que viste por tus propios ojos la hermosura de Dulcinea y yo vi la fealdad de una labradora. Pero me consuelo porque he quedado vencedor de mi enemigo.

—Dios sabe la verdad de todo —respondió Sancho.

gabán *m.* 외투 | valiente 용감한 | maligno/a 악의가 있는

Como Sancho sabía el engaño de la transformación de Dulcinea, no le convencían las fantasías de su señor. Pero no dijo nada para no descubrir su mentira.

Al rato les alcanzó un hombre vestido con un gabán verde. Les saludó cortésmente y siguió su camino. Pero don Quijote le dijo:

—Señor, si lleva el mismo camino que nosotros, me gustaría ir juntos.

El del Verde Gabán detuvo su caballo y se sorprendió de la figura de don Quijote. Los dos se miraron durante un rato. Don Quijote notó que el caminante* le miraba atentamente. Como era tan cortés, le dijo sin esperar ninguna pregunta:

—Seguro que mi figura le ha sorprendido. Soy caballero

«de éstos que dicen las gentes
que a sus aventuras van».

Quise resucitar* la ya muerta caballería andante. Y mis valientes hazañas están impresas en casi todas las naciones del mundo. Soy don Quijote de la Mancha, también llamado el Caballero de la Triste Figura.

caminante *m.f.* 보행자 | resucitar *tr.* 소생시키다 *intr.* 소생하다, 부활하다

Calló entonces don Quijote y el del Verde Gabán no sabía qué decir. Después de un rato dijo:

—Acertaste, señor caballero, en conocer mi deseo. Sin embargo, ahora que sé quién sois, estoy más sorprendido que antes.

Don Quijote le rogó que le dijese quién era. El del Verde Gabán respondió:

—Yo, señor Caballero de la Triste Figura, soy un hidalgo. Mi nombre es don Diego de Miranda y soy rico. Tengo mujer e hijos. Mis aficiones son la caza y la pesca*.

Mientras don Quijote y el Caballero del Verde Gabán conversaban, Sancho se apartó del camino y se acercó a unos pastores. En esto, don Quijote vio un carro con banderas reales por el camino. Creyó que era una nueva aventura. Llamó a gritos a Sancho para que le diese el casco. Sancho, al oírle, dejó a los pastores y llegó donde estaba su señor.

pesca *f.* 낚시

CAPÍTULO XII

Aventura de los leones

13 Cuenta la historia que cuando don Quijote gritaba a Sancho, éste estaba comprando requesones a unos pastores. Con las prisas, Sancho no supo qué hacer con los requesones y los guardó en el casco.

Cuando llegó, don Quijote le dijo:

—Dame el casco. Allí veo una aventura y necesito mis armas.

El del Verde Gabán miró por todas partes. Sólo vio un carro con banderas pequeñas. Don Quijote cogió su casco y se lo puso en la cabeza. Entonces empezó a caerle el suero de los requesones por toda la cara. Don Quijote se asustó y dijo a Sancho:

suero는 '액'을 뜻하는 어휘로 여기서 suero de los requesones는 치즈에서 흘러나오는 치즈액을 의미합니다.

—¿Qué será esto, Sancho? Parece que se me derrite el cerebro. Dame algo para limpiarme.

Sancho se calló y le dio un paño. Don Quijote se limpió y se quitó el casco. Vio los requesones, los olió y dijo:

requesón *m.* 연한 치즈 | derretir *tr.* 녹다, 녹아내리다 | paño *m.* 천

—Por vida de mi señora Dulcinea, son requesones, mal escudero.

Sancho, disimulando, respondió:

—Si son requesones, démelos. Yo me los comeré. Seguro que los puso el diablo ahí. Yo no me atrevería a ensuciar su casco.

atreverse a + *inf.*: 감히 ~하다

—Todo puede ser —dijo don Quijote.

El hidalgo miraba todo y estaba cada vez más sorprendido. En esto, llegó el carro de las banderas. Don Quijote se puso delante y dijo:

—¿Adónde vais, hermanos? ¿Qué lleváis en el carro?

El carretero respondió:

—El carro es mío. Dentro hay dos bravos leones. Son un regalo para el Rey.

—Y ¿son grandes los leones? —preguntó don Quijote.

—Tan grandes —respondió el leonero— que nunca he visto mayores. Son hembra y macho. El macho va en la primera jaula y la hembra detrás. Están hambrientos porque hoy no han comido. Así que apártese porque tenemos que darles de comer.

Don Quijote se sonrió y dijo:

ensuciar *tr.* 더럽히다 | leonero *m.* 사자 조련사 | jaula *f.* (동물의) 우리 | hambriento/a 굶주린, 허기진

—¿Leoncitos a mí? Bajad, buen hombre. Abrid esas jaulas y echad fuera esas bestias. Yo les enseñaré quién es don Quijote de la Mancha.

leoncito는 león(사자)의 지소사로 사자 새끼를 의미합니다.

Sancho se acercó a don Diego y le dijo:

—Señor, no permita que mi señor don Quijote luche contra estos leones. Le van a hacer pedazos*.

pedazo는 '조각', '부스러기'를 의미하는 단어로 hacer pedazos라고 쓰면 '산산조각 내다', '부숴 버리다'라는 의미입니다.

—¿Tan loco es vuestro señor? —respondió el hidalgo.

—No es loco —respondió Sancho—, sino atrevido*.

—Yo haré que no lo sea —replicó el hidalgo.

Don Diego se acercó a don Quijote y le dijo:

—Señor caballero, los caballeros andantes deben intentar aventuras que puedan acabar bien.

—Apártese, señor hidalgo —respondió don Quijote—. Deje a cada uno hacer su oficio.

Se volvió al leonero y le dijo:

—Si no abrís ahora las jaulas, con esta lanza* os clavaré al carro.

Sancho lloraba la muerte de su señor. Creía que los leones le matarían. Don Quijote decidió luchar a pie. No quería que Rocinante se espantase al ver los leones. El leonero abrió la primera jaula. El león abrió la boca y bostezó muy despacio.

atrevido/a 대담한 | lanza *f.* 창, (수레의) 채 | bostezar *intr.* 하품하다

Sacó la cabeza fuera de la jaula y miró a todas partes. Don Quijote lo miraba atentamente.

Deseaba que saltase del carro y pelease con él. Pero el generoso león se dio la vuelta y se volvió a tumbar en la jaula. Al verlo, don Quijote mandó al leonero que le golpease para echarlo fuera.

—No lo haré —respondió el leonero—. Me hará pedazos. Debe alegrarse con lo que ha hecho. El león tiene abierta la puerta y puede salir o no. Si no ha salido hasta ahora, no saldrá en todo el día. La grandeza de su corazón está bien demostrada*.

—Es verdad —respondió don Quijote—. Cierra, amigo, la puerta.

El carro siguió su camino, y don Quijote, Sancho y el hidalgo el suyo. A las dos de la tarde llegaron a la aldea de don Diego, a quien don Quijote llamaba el *Caballero del Verde Gabán*. Don Quijote estuvo cuatro días en la casa de don Diego. Allí los trataron muy bien. Finalmente, decidió seguir hacia Zaragoza, pero antes visitaría las lagunas de Ruidera[7] y la cueva de Montesinos[8]. Quería comprobar si eran verdad las maravillas que se decían de la cueva.

demostrado/a 증명된 (demostrar의 과거 분사)

7 las lagunas de Ruidera: 루에디라 석호는 실제 15개이고 구아디아나 강이 침식 작용을 일으킨 결과로 형성되었으며 실제로 스페인 주인 시우닷 레알(Ciudad Real)과 알바세테(Albacete) 사이에 있습니다. 이 석호들의 이름은 실제로 지금은 폭포 소리가 거의 들리지 않지만 처음에는 폭포 소리가 꽤나 커서 '소음'을 뜻하는 ruido라는 단어에서 비롯되었다고 합니다.

8 la cueva de Montesino: 알바세테(Albacete) 주에 있는 자치시인 오사 데 몬티엘(Osa de Montiel)에 위치한 동굴로 돈 키호테의 모험의 배경이 되는 곳 중 하나입니다.

CAPÍTULO XIII

Aventura de la cueva de Montesinos

◀ 14 Pasaron el día conversando y al llegar la noche se alojaron* en una pequeña aldea. Allí don Quijote compró cuerdas para atarse y descolgarse por la cueva. Al día siguiente por la tarde llegaron a la cueva de Montesinos. Estaba tan llena de arbustos que la cubrían completamente. Caballero y escudero se bajaron de sus animales. Sancho ató fuertemente a don Quijote con las cuerdas. Después don Quijote se puso de rodillas y dijo en voz alta:

—¡Oh señora de mis acciones y movimientos, clarísima y sin par Dulcinea! Te ruego escuches mis plegarias. Voy a entrar en este abismo* para que el mundo sepa que si tú me favoreces, no habrá imposible que no intente y acabe.

Y diciendo esto, se acercó a la cueva y cortó con su espada los arbustos que cubrían la entrada. Después, entró en la cueva y Sancho le dio su bendición y le dijo:

alojarse 숙박하다, 묵다 | atarse (자신의 무엇을) 묶다 | descolgarse 내려오다, 아래로 떨어지다 | clarísimo/a 분명한, 명철한 | sin par 비길 데 없는, 유례가 드문 | plegaria *f.* 기도, 기원 | abismo *m.* 심연, 심해, 깊은 곳

—¡Dios te guíe y te devuelva libre y sano a esta vida que dejas por enterrarte en esta oscuridad!

Iba don Quijote gritando a Sancho para que le diese más cuerda. Cuando soltó toda la cuerda, decidió esperar media hora y volverle a subir. Sancho empezó a recoger cuerda con mucha facilidad y pensó que don Quijote se quedaba dentro. Creyéndolo así, lloraba amargamente pero, finalmente, apareció don Quijote. Sancho gritaba:

—Gracias a Dios que ha vuelto, señor mío. Pensaba que se quedaba allá.

Don Quijote no respondió. Tenía los ojos cerrados y parecía estar dormido. Le tumbó en el suelo y le quitó la cuerda. Como no despertaba lo movió hasta que volvió en sí. Don Quijote miró a una y otra parte. Entonces dijo asustado:

—Dios te lo perdone, amigo. Me has quitado de la más agradable vida y vista.

Después pidió comida, porque tenía mucha hambre. A las cuatro de la tarde, oculto el sol entre nubes, don Quijote empezó a contar lo que vio en la cueva. Y comenzó del modo siguiente:

amargamente 씁쓸하게, 슬프게

—A unos pocos metros de profundidad hay un hueco en el que cabe un carro con sus mulas. Como ya estaba cansado de colgar de la soga, entré en el hueco y me quedé dormido. Cuando desperté, estaba en la mitad del más bello prado. Cerca había un lujoso palacio. Un venerable anciano salió de él. Se acercó a mí y me abrazó. Luego me dijo: «Hace mucho tiempo, valiente caballero don Quijote de la Mancha, que te esperamos». Después entramos en el palacio y me llevó hasta un sepulcro. Allí había un caballero tumbado: «Es mi amigo Durandarte[9], un valiente caballero. El mago Merlín[10] le encantó como a mí y a otros muchos». Después se oyeron grandes gritos y llantos. Volví la cabeza y vi a unas hermosas doncellas vestidas de luto. Al final iba una señora cejijunta, de nariz chata, boca grande y dientes mal puestos. Montesinos me dijo que era la señora Belerma[11] y que si parecía fea era por las malas noches que pasaba. Si no, igualaría en hermosura a Dulcinea del Toboso. «Señor don Montesinos —dije yo entonces—, toda comparación es odiosa. La sin par Dulcinea es quien es, y la señora Belerma lo mismo».

venerable 존경할 만한 | sepulcro *m.* 묘, 분묘 | luto *m.* 상, 초상 | cejijunto/a 미간 쪽으로 눈썹이 짙은 | chato/a 코가 납작한

9 Durandarte: 로망스집의 주인공으로 벨레르마의 연인이자 몬테스노스의 사촌입니다.

10 El mago Merlín: 아서 왕의 전설에 나오는 가장 유명한 마법사로, 악마의 자식이 되어 초자연적인 지식을 갖게 되었습니다.

11 la señora Belerma: 두란다르테의 연인입니다.

Entonces Sancho dijo:

—Yo no sé, señor don Quijote, cómo ha visto tantas cosas en tan poco tiempo.

—¿Cuánto hace que bajé? —preguntó don Quijote.

—Poco más de una hora —respondió Sancho.

—No puede ser —replicó don Quijote—. He estado tres días con sus noches en la cueva.

—Será verdad —dijo Sancho—. Lo que a mí me pareció una hora allí serán tres días.

—Así será —respondió don Quijote—. Pero, ¿qué dirás cuando te diga que Montesinos me mostró a tres labradoras? En cuanto las vi, conocí a Dulcinea del Toboso y a las dos acompañantes. Pregunté a Montesinos si las conocía. Me respondió que no. Dijo que debían de ser unas señoras encantadas.

Cuando Sancho Panza oyó esto, pensó volverse loco o morirse de risa. Él sabía que el encantamiento de Dulcinea era mentira. Así que comprendió que su señor estaba completamente loco. Y así, le dijo:

—¿Cómo conoció a nuestra señora? ¿Qué dijo y qué le respondió?

—La conocí —respondió don Quijote— por su ropa. Era la misma que llevaba cuando la vimos en el Toboso. Le hablé, pero no me respondió. Se dio la vuelta y se fue muy rápido. Después vino una de las labradoras llorando y me dijo: «Mi señora Dulcinea del Toboso besa a vuestra merced las manos. Le suplica que le preste seis reales[12]». Me sorprendió la petición y le pregunté a Montesinos: «¿Los encantados padecen necesidades?». A lo que me respondió: «Señor don Quijote, la necesidad se usa en todas partes». Así que le di cuatro reales y se fue.

—¡Oh santo Dios! —dijo Sancho—. ¿Es posible que los encantadores cambien el buen juicio de mi señor por tan disparatada locura?

—Como me quieres bien, Sancho, hablas así —dijo don Quijote—. Todas las cosas difíciles te parecen imposibles. Pero algún día te contaré otras cosas que he visto. Entonces creerás lo que te he contado.

12 **real**: 레알은 25센티모에 해당할 정도로 작은 옛날의 화폐 단위를 말합니다.

CAPÍTULO XIV

Aventura de maese Pedro

15 Dice el traductor de esta gran historia que, al llegar a la aventura de la cueva de Montesinos, en los márgenes del original Cide Hamete Benengeli escribió estas palabras:

«No me puedo creer lo que le pasó a don Quijote en el capítulo anterior. Todas las aventuras sucedidas hasta aquí son verosímiles, pero ésta no puede ser verdadera. Sin embargo, el más noble caballero e hidalgo no mentiría. Ni inventaría en tan poco tiempo tantos disparates. Tú, lector, que eres prudente, juzga lo que quieras. Aunque se dice que al final de sus días dijo que la inventó porque cuadraba bien con las historias de caballerías».

Y luego continúa diciendo:

Después de contar su aventura en la cueva de Montesinos, subieron a caballo y antes de anochecer llegaron a una venta. Sancho estaba contento por ver que su señor la juzgó por verdadera venta y no por castillo como solía.

maese *m.* 교사, 선생 | verosímil 진짜 같은, 있을 법한 | disparate 상식에서 벗어난, 터무니 없는 일 | venta *f.* 주막, 객줏집

Más tarde, llegó a la venta un hombre con el ojo izquierdo tapado. Al entrar dijo:

—Señor huésped*, ¿hay posada? Aquí viene el mono* adivino y el retablo de la libertad de Melisendra.

—¡Aquí está el señor maese Pedro! —dijo el ventero—. Buena noche nos espera. Bienvenido, señor maese Pedro. ¿Dónde está el mono y el retablo, que no los veo?

—Ya llegan —respondió maese Pedro.

Preguntó don Quijote al ventero quién era maese Pedro. El ventero le respondió:

—Es un famoso titiritero. Representa el retablo de Melisendra[13] liberada* por don Gaiferos. También tiene un mono adivino.

Cuando don Quijote vio al mono, le preguntó:

—Dígame, señor adivino: ¿qué nos va a pasar?

Mandó a Sancho que le diese a maese Pedro dos reales. Entonces maese Pedro dijo:

—Señor, este animal no adivina el futuro. Sabe cosas del pasado y del presente.

—¡Yo no pagaría nada porque me digan lo que me ha pasado! —dijo Sancho—.

huésped *m.* 하숙 손님, 숙박인(*f.* huéspeda) | posada *f.* 객줏집, 하숙집 | mono *m.* 원숭이 | adivino *m.* 예언자, 점쟁이(*f.* adivina) | retablo *m.* 종교극 | ventero *m.* 객줏집 (주막) 주인(*f.* ventera) | titiritero *m.* 인형극 조종자, 곡예사(*f.* titiritera) | liberado/a 해방된, 풀려난

13 Melisendra: 샤를 마뉴 황제의 딸이자 돈 가이페로스의 아내로 무어인에 납치되었다가 남편에 의해 풀려났습니다.

¿Quién lo puede saber mejor que yo? Pero, dígame, ¿qué hace mi mujer Teresa Panza ahora?

Maese Pedro dio dos golpes en su hombro izquierdo. Entonces el mono saltó sobre él y se acercó a su oído. Luego bajó al suelo y maese Pedro dijo:

—¡Oh admirado caballero don Quijote!

Todos quedaron muy sorprendidos al oír al titiritero. Y siguió diciendo:

—Y tú, ¡oh buen Sancho Panza!, el mejor escudero del mundo. Alégrate, porque tu mujer está bien.

Don Quijote le pregunto al mono si era verdad lo ocurrido en la cueva de Montesinos. Maese Pedro hizo la senal al mono. El animal se subio a su hombro izquierdo y se acerco otra vez a su oido. Luego dijo maese Pedro:

—El mono dice que algunas cosas son falsas y otras verdaderas.

—¿No le dije yo —dijo Sancho— que no se puede creer que todo lo que conto de la cueva era verdad, ni aun la mitad?

—Los sucesos lo diran, Sancho —respondio don Quijote—. Y vamonos a ver el retablo de maese Pedro.

Todos se acercaron donde estaba el retablo y un muchacho comenzo a decir lo que oira y vera el que lea el capitulo siguiente.

CAPÍTULO XV

Retablo de maese Pedro

16 Todos callaron para mirar el retablo. De repente sonaron trompetas y tambores, y ruido de artillería.

Un muchacho comenzó a narrar la historia. Contaba el rescate* de Melisendra y la persecución de los moros.

Don Quijote, al oír hablar de moros, creyó que debía ayudar a los que huían. Se levantó y en voz alta dijo:

—No permitiré que nadie insulte a tan famoso caballero como don Gaiferos. ¡Deteneos, no lo sigáis o tendréis que pelear conmigo!

Sacó su espada y empezó a dar cuchilladas a los muñecos*. Maese Pedro gritaba:

—Deténgase, señor don Quijote, no son verdaderos moros, sino figuras de pasta.

Pero don Quijote no paraba de dar cuchilladas. Al final, destrozó todo el retablo. Después se tranquilizó y dijo:

trompeta *f.* 트럼펫 | tambor *m.* 북, 장구 | artillería *f.* (집합 명사) 대포, 포 | rescate *m.* 구출, 되찾음 | cuchillada *f.* 칼로 치기 | muñeco *m.* 남자 인형 (muñeca *f.* 여자 인형)

—Vean todos lo necesarios que son los caballeros andantes en el mundo. Gracias a mí están a salvo don Gaiferos y Melisendra. ¡Viva la andante caballería!

—¡Viva y muera yo! —dijo maese Pedro.

Sancho Panza sintió pena de maese Pedro y le dijo:

—No llores, maese Pedro. Mi señor te pagará lo que ha roto.

Sancho pagó a maese Pedro por las figuras rotas. Después todos cenaron en paz. Por la mañana, don Quijote y Sancho se despidieron del ventero y siguieron su camino.

En su relato, Cide Hamete Benengeli cuenta que maese Pedro era el galeote Ginés de Pasamonte. Por eso conoció a don Quijote y a Sancho cuando entró en la venta. Cuando don Quijote lo liberó, se fue a Aragón y se hizo titiritero. Llevaba el ojo tapado para no ser reconocido. Compró un mono y le enseñó a subirse en el hombro. Parecía que le hablaba al oído, pero era mentira. Antes de entrar a un pueblo nuevo, preguntaba en el lugar más cercano qué cosas habían sucedido en ese pueblo y a quién. Luego las aprendía de memoria y decía al pueblo que su mono adivinaba todo lo pasado y lo presente.

CAPÍTULO XVI

Aventura del barco encantado

17 Unos días después, don Quijote y Sancho llegaron al río Ebro. Don Quijote vio un pequeño barco atado en la orilla. Miró a todas partes y no vio a nadie. Así que bajó de Rocinante y mandó a Sancho hacer lo mismo. Después ataron a los animales a un árbol. Sancho le preguntó qué pasaba. Don Quijote le respondió:

—Sancho, este barco me está llamando para que entre en él. Debo ir a ayudar a algún caballero en peligro.

—De acuerdo —respondió Sancho—. Pero yo creo que no es un barco encantado. Será de algunos pescadores.

Don Quijote se subió en el barco y Sancho también. Cortó la cuerda y se apartaron poco a poco de la orilla. Sancho empezó a temblar de miedo. Don Quijote, enfadado, le dijo:

—¿De qué temes, cobarde criatura*? Ya estamos muy lejos de la orilla. Pronto estaremos en el mar, si no estamos ya, pues hemos navegado más de setecientas leguas.

—Yo no creo nada de eso —respondió Sancho—. Puedo ver con mis ojos a Rocinante y al burro.

En ese momento, descubrieron unas grandes aceñas. Estaban en la mitad del río. Cuando don Quijote las vio, dijo a Sancho:

—¿Ves? Allí, ¡oh amigo!, está el castillo donde está la persona que debo salvar.

—¿Qué castillo dice, señor?—dijo Sancho—. ¿No ve que son aceñas para moler trigo?

—Calla, Sancho —dijo don Quijote—. Parecen aceñas, pero no lo son.

Entonces, el barco empezó a moverse más rápido por la corriente del agua. Salieron los molineros y vieron que el barco iba hacia las ruedas de las aceñas. Cogieron unos palos largos para detenerlo. Estaban cubiertos de harina y daban miedo. Gritaban:

—¡Demonios de hombres! ¿Dónde vais? ¿Queréis ahogaros y haceros pedazos en estas ruedas?

cobarde 겁이 많은 | criatura *f.* 유아, 인간 | legua *f.* (거리의 옛 단위) 레구아 (약 5.5km) | aceña *f.* 물레방아, 수차

—Mira, Sancho —dijo don Quijote—, qué monstruos salen al encuentro. ¡Ahora veréis, bellacos!

Entonces se puso de pie y comenzó a mover su espada en el aire contra los molineros. Sancho rezaba para librarse* del peligro. Los molineros detuvieron el barco con sus palos. Sin embargo, don Quijote y Sancho cayeron al agua por los golpes. Los molineros fueron a ayudarlos y los sacaron del agua. Llegaron entonces los pescadores y vieron su barco destrozado. Pidieron a don Quijote que se lo pagase. Les contestó que pagaría si dejaban libre a la persona que estaba encerrada en el castillo.

—¿Qué persona o qué castillo —respondió uno de los molineros—, hombre sin juicio?

—Amigos que estáis en esa prisión, perdonadme —dijo don Quijote—. No os puedo liberar.

Después Sancho pagó cincuenta reales a los pescadores. Caballero y escudero volvieron a sus animales. Así acabó la aventura del barco encantado.

bellaco *m.* 마음씨가 나쁜 사람, 불량배(*f.* bellaca) | librarse 해방하다, 도망치다

CAPÍTULO XVII

*Encuentro con los duques**

18 Bastante melancólicos y de mal humor llegaron don Quijote y Sancho a sus animales. A Sancho le pesaba especialmente malgastar el dinero que llevaban. Finalmente, sin hablar palabra entre ellos, se apartaron del famoso río.

Otro día, don Quijote vio a unos cazadores en un prado. Entre ellos iba una dama a caballo con un halcón. Parecía una gran señora.

Dijo a Sancho:

—Corre, Sancho, y di a aquella señora que yo, el Caballero de los Leones, le beso las manos.

Sancho fue corriendo y llegó junto a la bella cazadora. Se arrodilló y le dijo:

—Hermosa señora, aquel caballero, llamado el Caballero de los Leones, es mi señor; antes se llamaba el de la Triste Figura. Yo soy su escudero y me llamo Sancho Panza. Me envía a pedirle permiso para acercarse.

duque *m.* 공작, (복수) 공작 부부 | melancólico/a 우울한, 울적한 | malgastar *tr.* 낭비하다, 탕진하다 | halcón *m.* 매

—Levantaos del suelo y decid a vuestro señor que venga —respondió la señora—. Ya sabemos quién es y estaremos contentos, mi marido, el duque, y yo de recibirle.

Sancho se levantó. Estaba sorprendido de la hermosura de la buena señora. Pero, sobre todo, de que conociese a su señor. Sancho volvió con el caballero y le contó lo que la gran señora le dijo. Don Quijote fue a besar las manos a la duquesa.

Mientras, la duquesa avisó a su marido y le contó lo ocurrido. Los dos habían leído la historia de don Quijote. Querían burlarse de él para pasarlo bien. Decidieron tratarle como caballero andante, como se hacía en los libros de caballerías.

Don Quijote saludó a la duquesa y al duque y se fueron todos a su palacio.

CAPÍTULO XVIII

Estancia con los duques

19 Cuenta la historia que antes de llegar al palacio, el duque se adelantó para explicar a sus criados cómo tratar a don Quijote. Cuando don Quijote llegó con la duquesa, dos criados salieron a recibirlos. Tomaron en brazos a don Quijote y le dijeron:

—Vaya vuestra grandeza a bajar a mi señora la duquesa del caballo.

Así lo hizo don Quijote. Luego se acercaron dos doncellas y pusieron a don Quijote un mantón sobre los hombros. Al momento, salieron muchos criados gritando:

—¡Bienvenido, flor y nata de los caballeros andantes!

Aquél fue el primer día en que el hidalgo creyó ser un verdadero caballero andante.

mantón *m.* (소매가 없는) 숄 | flor y nata 정예, 정수

Don Quijote se cambió de ropa para ir a comer con los duques. Los duques salieron a la puerta a recibirle. Con ellos estaba un cura. Luego fueron a sentarse a la mesa. Preguntó la duquesa a don Quijote qué sabía de Dulcinea. Él respondió:

—Señora mía, mis desgracias nunca tendrán fin. Está encantada y ahora es una fea labradora.

—No sé —dijo Sancho Panza—, a mí me parece la más hermosa criatura del mundo.

—¿La habéis visto encantada, Sancho? —preguntó el duque.

—¡Claro que la he visto! —respondió Sancho.

—¿Sois —dijo el cura— aquel Sancho Panza a quien su señor prometió una ínsula?

—Sí soy —respondió Sancho—. Viva mi señor y viva yo. Ni a él le faltarán imperios* ni a mí ínsulas que gobernar.

—No, por cierto, Sancho amigo —dijo el duque—. Yo te prometo el gobierno de una que tengo.

—Ponte de rodillas, Sancho —dijo don Quijote—, y besa los pies a Su Excelencia.

Su Excelencia는 매우 중요한 사람을 칭할 때 사용하는 높임 표현입니다.

imperio *m.* 제국

Así lo hizo Sancho. Luego, el duque preguntó a don Quijote quién encantó a Dulcinea.

—¿Quién? —respondió don Quijote—. Algún maligno encantador que me persigue.

—Pero —dijo la duquesa— en su historia se entiende que nunca ha visto a Dulcinea. Y también que es dama fantástica*.

—En eso hay mucho que decir —respondió don Quijote—. Dios sabe si hay Dulcinea o no en el mundo. O si es fantástica o no. Yo no la inventé. Ella es hermosa, honesta, agradecida y de alto linaje.

Acabó la conversación y don Quijote se fue a descansar. La duquesa pidió a Sancho que pasase la tarde con ella y sus doncellas.

fantástico/a 공상적인, 환상적인 | honesto/a 정직한, 성실한 | agradecido/a 감사하는 | linaje *m.* 가계, 혈통

CAPÍTULO XIX

Conversación entre la duquesa y Sancho Panza

◀20 Sancho obedeció y se sentó con la duquesa. Entonces la duquesa dijo:

—Ahora que estamos solos, me gustaría que me resuelvas unas dudas. ¿Cómo te atreviste a fingir que entregaste la carta de don Quijote a Dulcinea?

Sancho, sin responder nada, se levantó de la silla. Miró por todas las partes de la sala para ver si había alguien. Luego, se volvió a sentar y dijo:

—Ahora que no nos escucha nadie, le diré que mi señor don Quijote está loco de remate. Por eso me atrevo a engañarle. Además, lo del encantamiento de Dulcinea también es mentira.

La duquesa le rogó que se lo contase. Sancho le contó todo lo que pasó cuando fueron al Toboso. Entonces dijo la duquesa:

loco de remate 완전 미치다

—Si don Quijote es loco y Sancho lo sabe y lo sigue, él es más loco y tonto que su señor. Así que no creo que puedas gobernar una ínsula.

—Señora, tiene razón —dijo Sancho—. Pero le quiero y es agradecido, por eso le soy fiel.

La duquesa dijo riéndose:

—Sancho, no te preocupes. Mi marido cumplirá su palabra y te dará la ínsula. Pero volvamos al encantamiento de Dulcinea. Yo sé que Dulcinea está de verdad encantada. Tú creíste ser el engañador, pero eres el engañado.

—Bien puede ser —dijo Sancho Panza—. Y ahora quiero creer que lo de la cueva de Montesinos es verdad. Todo debe de ser como vuestra merced dice, señora mía. Pues mi corto ingenio* no puede inventar algo tan inteligente.

—Así es —dijo la duquesa—. Pero dime, Sancho, ¿qué es eso de la cueva de Montesinos?

Entonces Sancho Panza le contó todo lo que pasó en la cueva.

—Sancho, vete a descansar —respondió la duquesa—. Luego hablaremos más.

Sancho besó las manos a la duquesa y se marchó.

engañador *m.* 사기꾼, 속이는 사람 (*f.* engañadora) | ingenio *m.* 재능

CAPÍTULO XX

Desencantamiento de Dulcinea

21 A los duques les gustaba mucho la compañía de don Quijote y Sancho. Un día decidieron hacerles una burla para divertirse. Ordenaron a los criados hacer los preparativos y a los seis días llevaron a don Quijote de caza. Llegaron a un bosque y comenzó la caza. Cazaron hasta que llegó la noche. Ésta no era tan clara y serena* como eran las noches de verano. De repente pareció que el bosque ardía. Se oían trompetas y otros instrumentos de guerra. Todos se sorprendieron. Incluso los que sabían la burla se asustaron.

De repente apareció un demonio tocando un cuerno.

—¡Hola, hermano correo! —dijo el duque—. ¿Quién sois, adónde vais y qué gente viene?

El correo respondió:

desencantamiento *m.* 마법 혹은 누군가의 속임수로부터 풀려난 상태 | preparativo *m.* 준비, 준비된 것 | sereno/a 평온한, 고요한 | cuerno *m.* 뿔피리, 뿔을 형상화한 관악기

—Yo soy el diablo. Busco a don Quijote de la Mancha. La gente que viene son encantadores que traen a Dulcinea del Toboso. Viene acompañada de Montesinos para ordenar a don Quijote cómo desencantarla.

Después de decir esto, se marchó sin esperar respuesta. En ese momento, comenzaron a aparecer muchas luces por el bosque. También se oyó un ruido espantoso. Al rato se oyó una agradable música y vieron llegar un carro. Venía en él una ninfa vistosamente vestida. Llevaba el rostro cubierto por una tela* transparente. Se percibía un hermoso rostro de doncella. Junto a ella venía una figura vestida hasta los pies con un velo negro. Cuando el carro llegó frente a los duques y don Quijote, paró la música. La figura del velo negro descubrió su rostro. Era feo y parecía la figura de la muerte. Se puso de pie y, dirigiéndose a don Quijote, comenzó a decir:

—Yo soy Merlín, aquel que las historias
dicen que tuve por padre al diablo.
Para recobrar su estado primero
la sin par Dulcinea del Toboso,
es necesario que Sancho, tu escudero,
se dé tres mil trescientos azotes.

desencantar *tr.* (~의) 마법을 풀다 | espantoso/a 공포의, 무시무시한 ninfa *f.* 요정, 선녀 | vistosamente 눈부시게, 화려하게 | tela *f.* 천, 직물 | transparente 투명한 | velo *m.* 천, 덮개 | azote *m.* 채찍, 매질

—¡Qué relación tienen mis posaderas con los encantos! —dijo Sancho—. ¡Si el señor Merlín no encuentra otra forma de desencantar a Dulcinea, podrá ir encantada a la sepultura!

—Yo te cogeré —dijo don Quijote— y te ataré desnudo a un árbol. Y te daré seis mil seiscientos azotes.

Oyéndolo, dijo Merlín:

—No puede ser así. Los azotes debe recibirlos por su voluntad, no por fuerza.

Entonces la ninfa se levantó, se quitó el velo y dijo a Sancho Panza:

—¡Oh malaventurado escudero! Mírame llorar, ¡oh miserable* e insensible animal! Pon en libertad mi belleza. Si no quieres hacerlo por mí, hazlo por ese pobre caballero que tienes a tu lado.

—¿Qué decís a esto, Sancho? —preguntó la duquesa.

—Digo, señora —respondió Sancho—, que de los azotes ni hablar.

—Amigo Sancho —dijo el duque—, si no os ablandáis, no gobernaréis la ínsula prometida.

—Señor —respondió Sancho—, ¿me dan dos días para pensarlo mejor?

posaderas *f.* 궁둥이, 엉덩이 | malaventurado/a 불운한, 불행한 | miserable 불쌍한

—De ninguna manera —dijo Merlín—. Aquí y ahora debe resolverse este negocio.

—Vamos, buen Sancho —dijo la duquesa—. Decid que sí a los azotes en correspondencia al pan que habéis comido del señor don Quijote.

—Pues todos me lo dicen —replicó Sancho—, me daré los tres mil trescientos azotes. Pero con estas condiciones. Me los daré cuando yo quiera y sin hacerme sangre. Sin plazo alguno que cumplir, que yo procuraré pagar la deuda lo antes posible, para que la señora doña Dulcinea del Toboso vuelva a ser hermosa.

En cuanto Sancho dijo estas palabras, volvió a sonar la música. Don Quijote abrazó a Sancho y le dio mil besos. Todos estaban muy contentos y el carro se marchó. Los duques, muy satisfechos*, decidieron volver al castillo. Querían preparar nuevas burlas.

satisfecho/a 만족한, 기뻐하는

CAPÍTULO XXI

*Aventura de la dueña Dolorida**

◀22 Al día siguiente fueron a comer a un jardín. Después de comer se oyó un sonido triste y un tambor. Todos se alborotaron, especialmente don Quijote. Entonces entraron dos hombres vestidos de negro. Tocaban dos grandes tambores. Detrás de los tristes músicos entraron doce dueñas. Tras ellas venía la condesa Trifaldi o de las tres faldas, pues venía acompañada de tres pajes que sujetaban las tres puntas de su falda. También la llamaban la dueña Dolorida. Llevaban los rostros cubiertos con velos negros.

La Dolorida se adelantó y, de rodillas, dijo:

—Señores, estoy segura de que podrán ayudarme. Primero les contaré mi historia. Mi señora, la infanta* Antonomasia y su marido don Clavijo están encantados. Un encantador llamado Malambruno les ha convertido en piedra. Junto a ellos está escrito lo siguiente: «No volverán a su forma normal hasta que el valiente manchego luche conmigo». También encantó a todas las dueñas y nos creció barba.

dueña *f.* (옛날의) 명문가의 미망인 | dolorido/a 아픈, 괴로운 | alborotarse 불안하다 | paje *m.* 하인, 신하 | infanta *f.* 공주 | manchego *m.* 라 만차 사람 (*f.* manchega)

Las dueñas levantaron sus velos y mostraron sus rostros. Todas tenían barba. Los presentes se quedaron atónitos al verlas.

—¿Qué es lo que tengo que hacer? —preguntó don Quijote.

—Malambruno me dijo —respondió la Dolorida— que enviará un caballo de madera que os llevará a mi país para luchar con él.

—¿Y cuántos caben en ese caballo? —preguntó Sancho.

—Dos personas —contestó la Dolorida—. Una en la silla y otra en las ancas.

—Querría saber el nombre del caballo —dijo Sancho—. Seguro que no tiene un nombre como el de Rocinante.

—Se llama Clavileño[14], nombre que le conviene mucho —dijo la Dolorida—. Primero por ser de leña y segundo por tener una clavija en la frente.

—Me gusta el nombre —replicó Sancho—, pero, ¿cómo se maneja?

—Con la clavija —respondió la Trifaldi.

anca *f.* 둔부, 엉덩이 | leña *f.* 나무, 장작 | clavija *f.* 나무못

14 Clavileño: Clavo(못), Clavija(나무못)에서 나온 이름입니다.

—Ya me gustaría verlo —respondió Sancho—, pero pensar que subiré en él es pedir peras al olmo. Yo no me pienso moler por quitar las barbas a nadie.

pedir peras al olmo는 '느릅나무에서 배를 구하는 것', 즉, 연목구어(緣木求魚)와 유사한 의미로 불가능한 것을 부탁하거나 구한다는 의미로 쓰이는 표현입니다.

—Sin vuestra presencia —respondió la Trifaldi—, no haremos nada.

—¿Qué tienen que ver los escuderos —dijo Sancho— con las aventuras de sus señores? Vuelvo a decir que mi señor puede ir solo, que yo me quedaré aquí con la duquesa mi señora.

—Buen Sancho —dijo la duquesa—, debéis acompañarle para que estas señoras pierdan las barbas.

—Sancho hará lo que yo le mande —dijo don Quijote.

CAPÍTULO XXII

Aventura de Clavileño

23 Llegó la noche. Entonces entraron por el jardín cuatro salvajes* con un caballo de madera. Dejaron a Clavileño y se marcharon.

La Dolorida, al ver al caballo, dijo a don Quijote:

—Valiente caballero, las promesas de Malambruno son ciertas. Sube al caballo con tu escudero, tapaos los ojos y feliz viaje.

tapaos는 재귀 명령형 2인칭 복수 형태입니다. 여기서 os는 간접 목적격 대명사로 쓰였습니다.

—Eso haré, señora condesa Trifaldi —respondió don Quijote.

Don Quijote y Sancho subieron sobre Clavileño. El escudero subió de mala gana. Luego, los dos se taparon los ojos y don Quijote tocó la clavija. En ese momento todos gritaron:

—¡Dios te guíe, valiente caballero!

—¡Dios sea contigo, escudero valiente!

salvaje *m.f.* 미개인, 난폭한 사람 | taparse (자신 몸의 일부를) 가리다

—¡Ya vais por esos aires a mucha velocidad!

Sancho oyó las voces, se apretó con el caballero y dijo:

—Señor, ¿por qué dicen que vamos tan altos? Oigo sus voces como si estuvieran junto a nosotros.

—Sancho, como estas cosas no son normales, puedes verlos y oírlos aunque estés lejos. No me aprietes tanto, que me tiras. No tengas miedo. Todo va bien y el viento nos empuja.

—Es verdad —respondió Sancho—. Por este lado me da un viento tan fuerte que parecen mil fuelles.

Y así era, pues los duques habían pensado en todo y con unos fuelles les daban aire para que pareciera que iban volando.

Entonces don Quijote dijo:

—Sin duda, Sancho, pronto llegaremos a la región del fuego.

En ese momento, encendieron unas estopas. Las colgaron de un palo y las acercaron a sus rostros.

Sancho sintió el calor y dijo:

—Ya estamos en el lugar del fuego. Gran parte de mi barba se ha quemado.

fuelle *m.* 풀무 | estopa *f.* 삼 부스러기

El duque y la duquesa se divertían mucho oyendo la conversación de los dos valientes. Para terminar la aventura, pegaron a la cola de Clavileño unas estopas. Como el caballo estaba lleno de cohetes, voló por los aires. Don Quijote y Sancho Panza cayeron al suelo medio quemados. En ese momento, las dueñas desaparecieron y los demás quedaron desmayados en el suelo.

Don Quijote y Sancho se levantaron doloridos. Miraron a todas partes y se quedaron atónitos. En un lado del jardín había una gran lanza con un pergamino. En él estaba escrito lo siguiente:

El famoso caballero don Quijote de la Mancha terminó la aventura de la condesa Trifaldi, también llamada la dueña Dolorida, con solo intentarla.

Tras leer el pergamino, don Quijote fue donde estaban los duques. Cogió al duque de la mano y le dijo:

—¡Buen señor, la aventura ha acabado ya!

El duque volvió en sí poco a poco, igual que todos los demás. El duque leyó el cartel y abrazó a don Quijote. Le dijo que era el mejor caballero que nunca se había visto. La duquesa preguntó a Sancho por el viaje. Sancho le respondió:

cohete *m.* 폭죽, 불꽃 | desmayado/a 기절한, 축 늘어진 | pergamino *m.* 양피지

—Señora, cuando íbamos por la región del fuego me quité el pañuelo*. Entonces vi a las siete cabrillas[15] y decidí bajar de Clavileño para jugar con ellas.

—Y, mientras, buen Sancho —preguntó el duque—, ¿qué hacía don Quijote?

Y don Quijote respondió:

—Sentí que pasábamos por la región del fuego. Pero no pudimos llegar donde están las siete cabrillas sin quemarnos. Así que o Sancho miente o sueña.

—Ni miento ni sueño —respondió Sancho.

No quisieron preguntar más del viaje. Don Quijote se acercó a Sancho y le dijo al oído:

—Sancho, si quieres que te crea, debes creer lo que vi en la cueva de Montesinos.

pañuelo *m.* 손수건

15 **las siete cabrillas**: 플레이아데스 성단에 있는 일곱 개의 별로, 그리스 신화에 나오는 아틀라스의 일곱 딸을 상징합니다.

CAPÍTULO XXIII

Consejos de don Quijote a Sancho Panza

24 Otro día el duque dijo a Sancho que se preparase para ser gobernador. Sus insulanos le esperaban.

En ese momento llegó don Quijote. Cuando supo que Sancho se iba a su gobierno, lo llevó a su habitación para darle unos consejos. Cerraron la puerta de la habitación, se sentaron en la cama y le dijo:

—Doy gracias al cielo, Sancho amigo, por la buena suerte que has tenido. Quiero darte unos consejos para ser un buen gobernador. Primero, ¡oh hijo!, teme a Dios, porque es de sabios. Segundo, conócete a ti mismo. Sé humilde* y no desprecies* tus orígenes. Descubre la verdad entre los regalos de los ricos y las lágrimas de los pobres. Si sigues estas reglas, Sancho, tus días serán largos y tu fama eterna. Estos consejos son para el alma. Escucha ahora los del cuerpo.

humilde 겸손한 | despreciar *tr.* 깔보다, 업신여기다 | eterno/a 영원한, 불변의

Siguió don Quijote y dijo:

—Sancho, sé limpio y córtate las uñas*. Ve bien vestido. No comas ajos* ni cebollas*. Anda despacio y habla con calma. Come poco y cena menos. Modérate en el beber. El vino ni guarda secretos ni cumple palabras. Sobre todo, no comas a dos carrillos ni eructes delante de nadie.

2인칭 단수 명령형 modera에 목적격 대명사 te가 붙으면, 본래의 강세를 살려 é게 강세 부호를 찍습니다.

comer a dos carrillos에서 carrillos는 볼 아래 턱 부분을 가리키는 단어이지만, 이 숙어는 '걸신들린 듯이 먹다'의 의미입니다.

—Señor —respondió Sancho— veo que todo lo que me ha dicho son cosas buenas, santas y útiles. Así que seguiré sus consejos al pie de la letra, especialmente el de eructar, que lo hago muy a menudo.

—Muy bien, Sancho —dijo don Quijote—. Y ahora vámonos a comer. Seguro que los duques nos esperan.

uña *f.* 손톱, 발톱 | ajo *m.* 마늘 | cebolla *f.* 양파 | moderar 절제하다, 조절하다 | comer a dos carrillos 정신없이 먹다, 걸신들린 듯 먹다

CAPÍTULO XXIV

Aventura de Altisidora

25 Aquella tarde enviaron a Sancho a su ínsula. En cuanto Sancho se fue, don Quijote se sintió solo.

Después de cenar, se fue a su habitación. Apagó las velas*. Hacía calor y no podía dormir. Se levantó de la cama y abrió un poco la ventana. Al abrir, oyó gente en el jardín. Se puso a escuchar atentamente y pudo oír lo siguiente:

—No me pidas que cante, ¡oh Emerencia! Desde que entró este forastero en este castillo y mis ojos le miraron, no sé cantar sino llorar.

no A sino B: A가 아니고 B이다
앞의 것은 부정하고, 뒤의 것은 긍정하는 표현입니다.

—Altisidora amiga —respondieron—, todos duermen menos el señor de tu corazón. Acaba de abrir su ventana y seguro que está despierto.

vela *f.* 촛불, 양초 | forastero *m.* 외지 사람, 외국인(*f.* forastera)

Entonces oyó tocar un arpa. Don Quijote imaginó que alguna doncella de la duquesa estaba enamorada de él. Así que decidió escuchar la música. Para mostrar que escuchaba, dio un fingido estornudo. Altisidora cantó un romance para declarar su amor a don Quijote. Al acabar, el caballero dio un gran suspiro y dijo para sí mismo:

—¡Por qué soy tan desgraciado! Todas las doncellas que me miran se enamoran de mí. Pero llore o cante Altisidora, yo tengo que ser de Dulcinea.

Entonces cerró la ventana y se acostó.

arpa *f.* 하프 | fingido/a ~척하는, 가짜의 | estornudo *m.* 재채기 | suspiro *m.* 한숨, 탄식

CAPÍTULO XXV

Gobierno de Sancho

26 «¡Oh, tú que siempre sales y, aunque lo parece, nunca te pones! A ti digo, ¡oh sol, con cuya ayuda el hombre engendra* al hombre!; a ti digo, favoréceme y alúmbrame* para que pueda narrar el gobierno del gran Sancho Panza. Sin ti, yo me siento confuso», dice Cide Hamete al comienzo de este capítulo.

Llegó Sancho a un lugar que era de los mejores que el duque tenía. Le dijeron que se llamaba la ínsula Barataria[16]. Quizá porque el lugar se llamaba Baratario o por lo barato* con que Sancho consiguió el gobierno. Al llegar a las puertas de la villa* tocaron las campanas y todos los vecinos, con gran alegría, le llevaron a la iglesia mayor. Luego, con ridículas ceremonias, le entregaron las llaves del pueblo, y le admitieron por eterno gobernador de la ínsula Barataria. Después, le llevaron al juzgado y le sentaron en la silla del juez.

engendrar *tr.* 낳다 | favorecer *tr.* 돌보아 주다, 도와주다 | alumbrar *tr.* 비추다, 밝히다 | barato/a 쉬운, 용이한 | villa *f.* 마을, 읍, 작은 도시 | campana *f.* 종 | admitir *tr.* 받아들이다, 승낙하다

16 la ínsula Barataria: 가공의 섬으로 barato(값 싼)라는 단어에서 이름이 만들어졌습니다.

Al momento, se presentaron dos hombres ancianos delante del gobernador. Uno traía un bastón*. El otro dijo:

escudo는 옛날 화폐 단위를 말합니다.

— Señor, presté hace días diez escudos de oro a este hombre. Se los he pedido muchas veces. Pero dice que no se los presté. También dice que, si se los presté, ya me los devolvió. No tengo testigos. Por eso quiero que jure delante de vuestra merced que me los ha devuelto. Entonces yo le perdonaré.

—¿Qué decís, buen viejo del bastón? —dijo Sancho.

El viejo dijo:

—Señor, juraré lo que pide.

Y, diciendo esto, le dio el bastón al otro viejo para que se lo sujetase mientras juraba. Luego juró que era verdad el préstamo y que era verdad que él se lo devolvió en sus propias manos.

Sancho preguntó al otro qué respondía al juramento. Dijo que había olvidado la devolución del dinero y que le perdonaba.

El viejo cogió su bastón y salió del juzgado. Sancho se quedó pensativo. Al rato mandó llamar al viejo del bastón.

Lo trajeron, y Sancho le dijo:

—Dadme, buen hombre, ese bastón.

—Aquí tiene, señor —respondió el viejo.

bastón *m.* 지팡이 | testigo *m.f.* 증인, 목격자 | jurar *tr.* 맹세하다, 선서하다 | sujetar *tr.* 단단히 붙잡다, 고정시키다 | juramento *m.* 맹세, 선서 | devolución *f.* 반환, 환급 | juzgado *m.* 법원, 재판소

Sancho lo cogió, se lo dio al otro viejo y le dijo:

—Vete con Dios, que ya vas pagado.

Vete con Dios는 Vaya con Dios와 동일한 표현으로 '안녕히 가세요.', '조심히 가세요.'라는 뜻을 나타내는 스페인어 표현입니다.

—¿Yo, señor? —respondió el viejo—. ¿Este bastón vale diez escudos de oro?

—Sí —dijo Sancho.

Mandó romper el bastón y dentro encontraron los diez escudos de oro. Todos quedaron admirados y creyeron que su gobernador era un nuevo Salomón.

Cuando acabó el juicio, entraron en el juzgado una mujer y un hombre. La mujer gritaba:

—¡Justicia, señor gobernador, justicia! Este mal hombre se ha aprovechado de mi cuerpo.

Sancho le preguntó al hombre qué había pasado. El hombre, muy confundido*, respondió:

—Señores, soy un pobre ganadero*. He venido a vender unos cerdos*. Cuando volvía a casa, me encontré a esta dueña. Nos acostamos juntos y le pagué lo suficiente. Pero ella no estaba contenta y me ha traído aquí. Dice que la forcé, pero juro que es mentira.

Entonces el gobernador le preguntó si traía dinero. El pobre ganadero dijo que traía veinte escudos en una bolsa de cuero*. Sancho mandó que se la entregase a la mujer. Ella la cogió y salió del juzgado.

confundido/a 혼동하는, 당황해하는 | ganadero *m.* 목장 주인(*f.* ganadera) | cerdo *m.* 돼지 | cuero *m.* 가죽, 피혁

En cuanto salió, Sancho dijo al ganadero:

—Buen hombre, ve tras aquella mujer y quítale la bolsa.

El hombre fue corriendo a buscarla. Al poco rato volvieron los dos. El hombre luchaba por quitarle la bolsa, pero era imposible.

al poco rato는 '조금 뒤에'라는 숙어 표현입니다.

La mujer gritaba:

—¡Justicia de Dios y del mundo! Señor gobernador, este sinvergüenza me quiere quitar la bolsa.

—Y, ¿te la ha quitado? —preguntó el gobernador.

—¿Quitármela? —respondió la mujer—. Antes perdería la vida.

Entonces el gobernador dijo a la mujer:

—Muestra esa bolsa, honrada y valiente mujer.

Ella se la dio y el gobernador se la devolvió al hombre. Después le dijo a la mujer:

—Hermana mía, si utilizaras el mismo valor para defender tu cuerpo, nadie podría forzaros. Vete con Dios y sal de esta ínsula o te castigaremos con doscientos azotes.

El hombre le dio las gracias y se fue. Todos quedaron de nuevo admirados por los juicios y sentencias de su nuevo gobernador.

sinvergüenza *m.f.* 질이 나쁜 사람, 교활한 사람 | honrado/a 정직한 | forzar *tr.* 성적으로 폭행하다, 강간하다 | sentencia *f.* 판결, 선고

CAPÍTULO XXVI

Aventura gatuna

27 Llegada la mañana, don Quijote se levantó y se vistió.

Altisidora y otra doncella le esperaban en un pasillo*. Al pasar don Quijote, Altisidora fingió desmayarse.

Don Quijote lo vio y les dijo:

—Ya sé la causa de sus males.

—Yo no —respondió la amiga—. Altisidora es la doncella más sana de esta casa. Váyase, señor don Quijote. No volverá en sí mientras esté aquí.

Entonces respondió don Quijote:

—Poned esta noche en mi habitación un laúd. Yo la consolaré.

Luego fueron las dos a contarle todo a la duquesa. Los duques decidieron hacerle una nueva burla aquella noche.

pasillo *m.* 복도, 통로

A las once, don Quijote encontró una vihuela en su habitación. Abrió la ventana y oyó a gente en el jardín. Con voz ronca*, cantó un romance. De repente, descolgaron una cuerda con muchos cencerros y un saco con gatos. Don Quijote se asustó. Dos o tres gatos entraron por la ventana. Iban de una parte a otra de la habitación. Parecía que una multitud de diablos andaba por ella. Los gatos apagaron las velas y buscaban por dónde escapar.

Don Quijote cogió su espada y empezó a gritar:

—¡Fuera, malignos encantadores, que yo soy don Quijote de la Mancha!

Y empezó a dar cuchilladas a los gatos. Éstos se escaparon por la venta. Pero uno, viéndose acosado* por las cuchilladas, saltó a la cara de don Quijote. Le cogió la nariz con las uñas y los dientes. Don Quijote empezó a gritar por el dolor. Al oír los gritos, los duques fueron rápido a la habitación. Entonces vieron al pobre caballero intentando arrancarse al gato de su cara. El duque fue a ayudar a don Quijote, pero el caballero dijo:

ver-se + 형용사: ~한 상태에 있다

—¡No me lo quite nadie! ¡Yo le enseñaré quién es don Quijote de la Mancha!

vihuela *f.* 비우엘라 (옛날 기타 비슷한 악기) | ronco/a (목소리나 소리가) 걸걸한 | cencerro *m.* (가축 목에 단) 방울 | saco *m.* 자루, 부대 | acosado/a 끈질기게 쫓는, 추격하는 | arrancarse (몸에서) 떼어내다

Pero el gato seguía apretando su nariz. Al final, el duque los separó y echó al gato por la ventana.

Don Quijote quedó herido y triste por no terminar la batalla con el encantador. Altisidora le curó las heridas. Cuando acabó, don Quijote dio un profundo suspiro y se tumbó en la cama. Los duques le dejaron descansar. Estaban tristes porque la burla no salió bien.

apretar *tr.* 누르다, 압박하다

CAPÍTULO XXVII

Sancho en la ínsula Barataria

28 Cuenta la historia que desde el juzgado llevaron a Sancho Panza a un lujoso palacio. En una gran sala había puesta una mesa. Cuando Sancho entró, sonaron flautas y salieron pajes a recibirlo. Sancho se sentó en la cabecera de la mesa y un personaje se puso a su lado. Luego se vio que era un médico. Levantaron una toalla y mostraron mucha comida. Le ofrecieron un plato de fruta. Pero, en cuanto comió un poco, el médico le quitó el plato. Luego llegó otro plato. Cuando Sancho iba a probarlo, el médico se lo quitó. Sancho estaba sorprendido. Preguntó cómo debía comer aquella comida. El médico respondió:

—Señor gobernador, debe comer como es costumbre en otras ínsulas. Yo soy médico y cuido su salud. Debo dejarle comer lo que es mejor para vuestra merced.

Sancho miró al médico y le preguntó cómo se llamaba y dónde estudió.

flauta *f.* 피리, 플루트

El médico respondió:

—Me llamo Pedro Recio, nací en Tirteafuera y estudié en la universidad de Osuna.

Entonces Sancho respondió muy enfadado:

—Señor doctor, quítese de mi vista. Denme de comer o si no, quédense su gobierno. Oficio que no da de comer a su dueño no vale nada.

En aquel momento sonó una trompeta. Un criado dijo:

—Viene correo del duque.

Le dieron una carta a Sancho y pidió al criado que la leyera.

Señor don Sancho Panza:
He oído que unos enemigos míos quieren asaltar la ínsula.*
Debe estar alerta para que no le tomen desprevenido.*

Vuestro amigo,
El Duque

Sancho quedó asombrado y también todos los que estaban con él.

quedar + 과거 분사: ~한 상태이다
asombrado는 asombrar(놀라게 하다)의 과거 분사로 quedar와 함께 '놀라다', '놀란 상태이다'의 의미로 쓰입니다.

asaltar *tr.* 공격하다, 습격하다 | alerta *m.f.* 경계, 주의 | desprevenido/a 준비가 안 된, 방심한 | asombrar *tr.* 놀라게 하다

CAPÍTULO XXVIII

Aventura de doña Rodríguez

29 Don Quijote estaba muy triste y melancólico. Estuvo seis días sin salir. Una noche notó que abrían la puerta de su habitación. Creyó que era Altisidora.

—No —dijo—. Ni la mayor hermosura de la tierra podrá borrar de mi corazón a Dulcinea.

Entonces abrieron la puerta. Se puso de pie en la cama envuelto en una colcha. Clavó los ojos en la puerta, pero no era Altisidora. Era una dueña vestida de blanco de los pies a la cabeza. Traía una vela en la mano. Don Quijote la miró y pensó que era una bruja. Imaginó que venía a hacerle algo malo y comenzó a santiguarse. Cuando la dueña vio a don Quijote también se asustó y gritó:

clavar los ojos는 '뚫어지게 바라보다', '노려보다'라는 의미의 표현입니다.

—¡Jesús! ¿Qué es lo que veo?

colcha *f.* 침대 커버 | bruja *f.* 마녀 | santiguarse (성부, 성자 및 성령을 달하면서) 성호를 긋다

Con el susto se le cayó la vela y se quedaron a oscuras. Intentó irse, pero tropezó y cayó al suelo.

Don Quijote, temeroso, comenzó a decir:

—Fantasma, dime quién eres y qué quieres.

La dueña, en voz baja, le respondió:

—Señor don Quijote, no soy fantasma. Soy doña Rodríguez. Necesito que me ayude.

—Dígame, doña Rodríguez —dijo don Quijote—. La escucharé y la ayudaré.

—Espere vuestra merced un poco —respondió la dueña—. Saldré a encender mi vela y volveré enseguida a contarle mis desgracias.

Doña Rodríguez salió de la habitación y cuando volvió empezó a decir:

—Tengo una hija muy hermosa. El hijo de un labrador rico se enamoró de ella. Él le prometió ser su esposo y se acostó con ella. Ahora no quiere cumplir su palabra. El duque lo sabe, pero no me hace caso. Así que querría que vuestra merced deshiciese este agravio con ruegos o con armas.

De pronto abrieron las puertas de la habitación con un gran golpe. Con el susto, a doña Rodríguez se le cayó la vela y todo quedó a oscuras.

temeroso/a 무서워하는, 겁내는 | fantasma *m.* 유령, 환영

Luego sintió que le apretaban la garganta con dos manos y otra persona le levantó las faldas y le dio muchos azotes. Don Quijote no se movía. Temía que lo azotaran a él también. Y así fue; cuando los verdugos dejaron a la dueña, le pellizcaron a él con fuerza. La batalla duró casi media hora. Después se fueron los fantasmas. Doña Rodríguez recogió sus faldas y se fue sin decir palabra a don Quijote. Éste quedó solo, dolorido y confuso. No se imaginaba quién era el malvado encantador que había hecho eso.

Dice Cide Hamete que cuando doña Rodríguez fue a visitar a don Quijote, le siguió otra dueña. Pues es general costumbre que todas las dueñas sean chismosas. Al ver entrar a doña Rodríguez en la habitación de don Quijote, fue corriendo a decírselo a su señora la duquesa.

La duquesa se lo dijo al duque y le pidió permiso para ir con Altisidora a ver lo que quería doña Rodríguez de don Quijote. El duque se lo dio y, en silencio, escucharon desde la puerta todo lo que hablaban. Después, la duquesa decidió castigar a la dueña por su atrevimiento. Entraron en la habitación y golpearon a don Quijote y a la dueña como queda contado.

verdugo *m.* 교수형 집행인 | pellizcar *tr.* 꼬집다, 잡아 뜯다 | malvado/a 사악한, 극악한 | chismoso/a 남의 말하기 좋아하는, 험담하기 좋아하는 | atrevimiento *m.* 불손, 무모

CAPÍTULO XXIX

Sigue la aventura de doña Rodríguez

◀30 Cuando don Quijote sanó de sus heridas, decidió marcharse ya del castillo. Debía continuar con su profesión de caballero andante. Un día decidió pedir permiso a los duques para irse. Pero dos mujeres vestidas de negro se lo impidieron. Una se echó a sus pies y se puso a llorar. Los duques pensaron que sería alguna burla de sus criados. Don Quijote levantó del suelo a la mujer. Era doña Rodríguez con su hija. Se volvió a los señores y les dijo:

—¿Me permiten vuestras excelencias hablar un momento con este caballero?

El duque le dijo que sí. Entonces ella dijo a don Quijote:

—Hace días os conté un problema y prometisteis ayudarme. Ahora os queréis ir de este castillo. Pero, antes de iros, desafiad* a ese villano. Debe cumplir su palabra y casarse con mi hija.

dsafiad는 desafiar의 2인칭 복수 명령형입니다.

impedir *tr.* 막다, 저지하다 | echarse ~에 드러눕다 | desafiar *tr.* 직면하다, 마주하다 | vil ano *m.* 평민 (*f.* villana)

Don Quijote respondió con mucha seriedad:

—Buena dueña, no lloréis. Remediaré a vuestra hija. Con permiso del duque mi señor, buscaré a ese muchacho. Le desafiaré y mataré si no cumple su palabra.

—No hace falta —respondió el duque— que lo busque. Yo le contaré el desafío y prepararé el campo de batalla.

Después de acordar cómo sería la batalla, las dos mujeres se fueron. La duquesa ordenó un castigo para las dos por su atrevimiento.

remediar *tr.* 고치다, 해결하다 | desafío *m.* 도전, 결투의 신청

CAPÍTULO XXX

Final del gobierno de Sancho Panza

31 Sancho estaba durmiendo la séptima noche de su gobierno. De repente, oyó un gran ruido de campanas y voces. Parecía que la ínsula se hundía. Se sentó en la cama y escuchó atentamente. También sonaban trompetas y tambores. Sancho estaba muy asustado. Se levantó y salió de su habitación. Entonces aparecieron muchas personas con espadas gritando:

—¡Alarma*, señor gobernador, alarma! Han entrado infinitos enemigos en la ínsula. Estamos perdidos sin vuestro valor e ingenio.

Le pusieron dos escudos* muy grandes. Uno delante y otro detrás. Después los ataron y Sancho quedó emparedado. No podía moverse ni doblar las rodillas. Le pusieron una lanza en la mano y le dijeron que caminase.

emperado는 '샌드위치'라는 뜻과 산초의 상태처럼 '앞뒤로 낀 샌드위ㅊ 같은 모양의 상태'라는 뜻도 있습니다.

hundirse 무너지다, 가라앉다 | alarma *f.* 비상사태, 경보 | escudo *m.* 방패 | emparedado/a 감금된

—¿Cómo voy a caminar —respondió Sancho— si no puedo moverme?

—Ande, señor gobernador —dijo otro—. El miedo le impide andar, no los escudos.

Finalmente, el pobre gobernador intentó moverse, pero cayó al suelo. El golpe fue muy grande y pensó que se había hecho pedazos. Los demás apagaron las antorchas. Pasaban por encima de Sancho y daban cuchilladas a los escudos. Sancho sudaba y pedía a Dios que le salvase del peligro. Oyó el cielo su petición y de repente escuchó:

—¡Victoria, victoria! ¡Los enemigos se van! ¡Vamos, señor gobernador, levántese! ¡Disfrute la victoria!

—Levántenme —dijo el dolorido Sancho.

Lo ayudaron a levantarse, preguntó la hora y le dijeron que ya amanecía. Callado*, comenzó a vestirse. Todos le miraban sin saber por qué se vestía tan rápido. Terminó de vestirse y fue a la caballeriza. Se acercó a su burro, lo abrazó y con lágrimas en los ojos dijo:

—Ven, compañero y amigo mío. Desde que te dejé, he sufrido mil miserias*, mil trabajos y cuatro mil desasosiegos.

callado/a 침묵의, 말이 없는 | miseria *f.* 비참(주로 복수로 사용됨.)

Preparó al burro y con mucha pena subió en él. Luego les dijo a todos los presentes:

—Abrid camino, señores míos. Dejadme volver a mi antigua libertad. Yo no nací para ser gobernador ni para defender ínsulas. Decid al duque mi señor que desnudo nací y desnudo me voy. Ni pierdo ni gano.

Un criado dijo:

—Señor gobernador, es una pena perderlo. Su ingenio y su bondad obligan a quererlo.

Todos lo abrazaron y se despidieron de él.

CAPÍTULO XXXI

Sancho cae en una sima

32 Sancho no pudo llegar al castillo del duque aquel día. Llegó la noche y se apartó del camino para esperar la mañana. Mientras buscaba un sitio para descansar, él y su burro cayeron en una sima. Tocó su cuerpo para ver si estaba sano. Como estaba bien, dio gracias a Dios. También tocó las paredes de la sima para intentar salir. Pero no encontró ninguna forma de hacerlo. Sancho se lamentaba mucho de su situación y la de su burro, que se quejaba de dolor:

sima는 (비유적으로) 매우 어렵고 절망적이어서 빠져나오기 힘든 상황이나 감정을 나타냅니다.

—¡Ay —dijo entonces Sancho Panza— cuántas cosas suceden a cada paso a los que viven en este mundo! ¿Quién diría que el que ayer gobernaba una ínsula hoy estaría sepultado en una sima? Aquí moriremos de hambre yo y mi burro. ¡Desdichado de mí, en qué han acabado mis locuras y fantasías! ¡Oh compañero y amigo mío, qué mal pago te he dado por tus buenos servicios! Perdóname y pide a la fortuna que nos saque de aquí.

sima *f.* 깊은 구렁, 심연 | lamentarse (자신에 대해) 한탄하다, 슬퍼하다 | desdichado/a 불행한, 불우한

Después de pasar toda la noche lamentándose, finalmente llegó el día. Estaba el burro boca arriba y Sancho lo puso en pie. Sacó de las alforjas un pedazo de pan y se lo dio al burro mientras le decía:

—Las penas con pan son menos.

las penas con pan son menos라는 표현은 '먹을 것이 있으면 고통이 덜하다', 즉, '배가 부르면 고통이 덜하다'는 의미입니다.

Entonces Sancho vio que era imposible salir. Comenzó a gritar por si alguien le oía.

Aquí deja Cide Hamete Benengeli a Sancho y vuelve con don Quijote. Él esperaba contento la batalla con el ladrón* de la honra de la hija de doña Rodríguez. Aquella mañana había salido a ensayar* el combate y, montado sobre Rocinante, llegó hasta la cueva. Sin bajarse del caballo, miró aquella sima y, de repente, oyó grandes voces dentro:

—¿Hay algún cristiano que me escuche?

Le pareció la voz de Sancho. Muy asombrado, dijo:

—¿Quién está ahí abajo? ¿Quién se queja?

—Soy Sancho Panza, gobernador de la ínsula Barataria y escudero del famoso caballero don Quijote de la Mancha.

Don Quijote estaba más sorprendido aún. Pensó que Sancho estaba muerto y que le hablaba su alma.

—Dime quién eres —dijo don Quijote—. Si eres alma en pena, dime qué quieres que haga por ti.

alforja *f.* 자루, 여행용 배낭 | ladrón *m.* 도둑, 도적(*f.* ladróna) | honra *f.* (여성의) 정절 | ensayar *tr.* (반복해서) 연습하다, 시도하다

—Sin duda —respondieron—, vuestra merced es mi señor don Quijote de la Mancha.

—Don Quijote soy —replicó el caballero—. Por eso dime quién eres.

—Juro, señor don Quijote, que soy su escudero Sancho Panza —respondió—. No estoy muerto. Dejé mi gobierno y caí en esta sima con mi burro.

—Espérame —dijo don Quijote—. Iré al castillo del duque y vendremos a sacarte de aquí.

—Vaya y vuelva rápido —dijo Sancho—. Estoy muerto de miedo.

Don Quijote volvió al castillo a contárselo a los duques. Llevaron cuerdas y sacaron al burro y a Sancho de la oscuridad a la luz del sol. Cuando llegaron al castillo, Sancho fue a ver a los duques. Se arrodilló y dijo:

—Yo, señores, fui a gobernar vuestra ínsula Barataria. Entré desnudo y salí desnudo. Ni pierdo, ni gano. Si he gobernado bien o mal, hay testigos que lo dirán. No puedo ser gobernador. Hay demasiadas obligaciones. Ayer dejé la ínsula como estaba.

La duquesa lo abrazó y ordenó a sus criados que lo cuidasen.

CAPÍTULO XXXII

Batalla entre don Quijote de la Mancha y Tosilos

33 Llegó el día de la batalla. Los duques ordenaron a un criado llamado Tosilos que luchase con don Quijote, pues el amante de la hija de doña Rodríguez había huido a Flandes. El duque advirtió a Tosilos que no debía matar ni herir a don Quijote. Don Quijote esperaba en el campo de batalla a su rival. Tosilos llegó y miró a la hija de doña Rodríguez. Don Quijote esperaba la señal para empezar la batalla. Pero Tosilos tenía pensamientos diferentes. Cuando vio a la hija de doña Rodríguez, le pareció la mujer más hermosa del mundo. Así que Tosilos no escuchó la señal y no se movió. Mientras, don Quijote fue rápido hacia su enemigo.

Sancho gritaba:

—¡Dios te guíe, nata y flor de los caballeros andantes!

nata y flor는 flor y nata를 산초가 혼동해서 쓴 것입니다.

Aunque Tosilos vio venir a don Quijote, no se movió. Empezó a decir con grandes voces:

—Señor, ¿esta batalla se hace porque me case con aquella señora?

advertir *tr.* 주의하다, 경고하다

—Así es —respondieron.

—Pues —dijo Tosilos— me doy por vencido. Me casaré con ella.

Don Quijote se detuvo. Mientras, Tosilos se acercó a doña Rodríguez y dijo:

—Yo, señora, me casaré con vuestra hija.

Entonces, don Quijote dijo:

—Pues yo quedo libre de mi promesa.

El duque se acercó a Tosilos y le dijo:

—¿Es verdad, caballero, que queréis casaros con esta doncella?

—Sí, señor —respondió Tosilos.

Se quitó el casco y doña Rodríguez y su hija dijeron:

—¡Engaño, engaño! ¡Han puesto a Tosilos en lugar de mi verdadero esposo! ¡Justicia!

—No os preocupéis —dijo don Quijote—. Han sido los malos encantadores que me persiguen. Ellos han cambiado la cara de vuestro esposo por la de Tosilos. Tomad mi consejo y casaos con él.

El duque dijo:

—Encerraremos quince días a Tosilos. Así podremos ver si es el verdadero.

La hija de doña Rodríguez contestó:

—Da igual quién sea. Me casaré con él.

Encerraron a Tosilos y volvieron todos al castillo. Don Quijote pensó que ya era hora de irse. Pidió permiso a los duques y se lo dieron. Se despidieron y por la mañana don Quijote y Sancho se marcharon hacia Zaragoza.

CAPÍTULO XXXIII

Don Quijote falso

34 Don Quijote y Sancho pararon a descansar en una fresca arboleda. Comieron algo y se echaron a dormir. Despertaron algo tarde. Volvieron a subir sobre sus animales y siguieron su camino. Llegaron a una venta (así la llamó don Quijote, y no castillo como otras veces) y preguntaron si había habitación. Les dijeron que sí. Llegó la hora de cenar. El huésped les trajo la cena a la habitación y se sentaron a cenar. En la habitación de al lado, don Quijote oyó decir:

—Señor don Jerónimo, vamos a leer otro capítulo de la segunda parte de *Don Quijote de la Mancha*.

Cuando don Quijote oyó su nombre, se levantó y escuchó lo que decían.

—¿Para qué quiere, señor don Juan —respondió don Jerónimo—, leer estos disparates? Quien ha leído la primera parte, no puede gustarle esta segunda.

arboleda *f.* 숲

—Leámosla —dijo don Juan—. No hay libro malo que no tenga alguna cosa buena. Lo que menos me gusta es que don Quijote está desenamorado de Dulcinea.

desenamorado는 desenamorar의 과거 분사형으로 '애정이 식은'이라는 의미입니다.

Al oír esto, don Quijote gritó muy enfadado:

—Don Quijote de la Mancha no ha olvidado, ni puede, a Dulcinea del Toboso. Quien diga lo contrario, miente.

—¿Quién nos responde? —dijeron desde la otra habitación.

—El mismo don Quijote de la Mancha —respondió Sancho.

En ese momento, entraron en la habitación dos caballeros. Uno de ellos abrazó a don Quijote y le dijo:

—Sin duda sois el verdadero don Quijote de la Mancha.

Le entregaron el libro que estaban leyendo. Don Quijote lo hojeó y dijo al rato:

—En lo poco que he visto, he encontrado cosas dignas de castigo.

hojear *tr.* (급히 읽으며) 책장을 넘기다, 대충 보다

Los dos caballeros pidieron a don Quijote que cenase con ellos en su habitación. Don Quijote aceptó y cenó con ellos. Don Juan le preguntó qué noticias tenía de Dulcinea. Les contó el encantamiento, lo sucedido en la cueva de Montesinos y la orden de Merlín para desencantarla.

Los dos caballeros estaban muy contentos por saber las aventuras de don Quijote. Le preguntaron adónde iba. Respondió que a Zaragoza para participar en unas justas. Don Juan le dijo que en la segunda parte el falso don Quijote iba a Zaragoza.

—Pues por eso —respondió don Quijote— no iré a Zaragoza. Así demostraré la mentira de ese historiador. La gente verá que no soy el don Quijote que él dice.

—Hará muy bien —dijo don Jerónimo—. Hay otras justas en Barcelona. Allí podrá demostrar su valor.

—Así lo haré —dijo don Quijote.

Después de esta conversación, don Quijote se fue a dormir. Madrugó, dio golpes a la pared y se despidió de sus huéspedes.

CAPÍTULO XXXIV

Encuentro con Roque Guinart

◀35 Don Quijote salió de la venta una fresca mañana. Antes de salir se informó de cuál era el camino más recto para ir a Barcelona sin pasar por Zaragoza. Él quería demostrar que el nuevo historiador que le criticaba era un mentiroso.

No les pasó nada durante seis días. Por la noche, pararon a descansar entre unos árboles. Sancho se durmió enseguida, pero don Quijote no podía dormir. Le desesperaba la poca caridad de su escudero. Sólo se había azotado cinco veces. Le faltaban infinitos azotes todavía. Entonces, se acercó a Sancho. Le quitó el cinturón que sujetaba los calzones y quiso azotarle con las riendas de Rocinante.

Pero, de repente, Sancho despertó y dijo:

—¿Qué es esto? ¿Quién me toca?

—Soy yo —respondió don Quijote—. Vengo a azotarte.

—Eso no —dijo Sancho—. Estese quieto. Los azotes deben ser voluntarios. Además, ahora no tengo ganas de azotarme.

rienda *f.* 고삐(주로 복수 형태로 사용됨.)

Don Quijote seguía intentando azotarle. Sancho Panza se levantó y tiró a su señor al suelo. Luego puso su rodilla sobre el pecho de don Quijote. Sujetaba sus manos y no le dejaba moverse.

Don Quijote decía:

—¿Cómo, traidor? ¿Contra tu señor te rebelas?

—Sólo me ayudo a mí mismo —respondió Sancho—. Prométame que no intentará azotarme por ahora, si no

aquí morirás, traidor,

enemigo de doña Sancha.

Don Quijote se lo prometió y juró no tocarle. Sancho se levantó y se alejó un poco. Se acercó a un árbol y sintió que algo le tocaba la cabeza. Eran unos pies. Tembló de miedo, fue a otro árbol y le pasó lo mismo. Pidió ayuda a don Quijote. Éste le preguntó qué pasaba y Sancho dijo que había pies en todos los árboles.

Don Quijote los tocó y le dijo a Sancho:

—No tengas miedo. Estos pies son de bandoleros ahorcados. La justicia suele ahorcar a los delincuentes en esta zona. Debemos de estar cerca de Barcelona.

traidor *m.* 배신자, 배반자 (*f.* traidora) | rebelarse 반역하다, 대항하다 | bandolero *m.* 산적, 노상강도 (*f.* bandolera) | ahorcado/a 교수형에 처형된

Ya amanecía. De repente aparecieron más de cuarenta bandoleros. Les rodearon y les dijeron que no se moviesen. Llegó el capitán, se acercó a don Quijote y le dijo:

—No estéis triste, buen hombre. No soy cruel*, sino compasivo. Me llamo Roque Guinart.

—No estoy triste por caer en tu poder, ¡oh valiente Roque! —respondió don Quijote—. Estoy triste por mi descuido*. La orden de la caballería andante obliga a estar siempre alerta. Entonces no me cogerían tus soldados. Yo soy don Quijote de la Mancha.

Roque Guinart entendió que la enfermedad de don Quijote era más locura que valentía. Se alegró de encontrarlo, porque había oído hablar de él. Luego le dijo:

—Valiente caballero, no os preocupéis. Vuestra suerte cambiará. El cielo levanta a los caídos y enriquece a los pobres.

Después Roque se apartó y escribió una carta a un amigo de Barcelona. Le decía que estaba con él don Quijote de la Mancha. También le decía que en cuatro días llegaría a Barcelona con su escudero. Cuando acabó, la mandó llevar a su destinatario.

cruel 잔혹한, 무자비한 | compasivo/a 인정 많은, 다정다감한 | descuido *m.* 부주의, 실수, 잘못

CAPÍTULO XXXV

Don Quijote y Sancho llegan a Barcelona

◀36 Don Quijote estuvo tres días con Roque. Después partieron hacia Barcelona. Llegaron a su playa la víspera de San Juan[17]. Miraron por todas partes y vieron el mar. Ninguno lo había visto antes. Les pareció muy grande y largo. También vieron galeras[18] en la playa. Entonces llegaron corriendo algunas personas para saludarles. El amigo de Roque dijo a don Quijote:

—Bienvenido, estrella y norte de la caballería andante.

Don Quijote no respondió. Miró a Sancho y dijo:

—Éstos nos han conocido. Seguro que han leído nuestra historia.

Volvió otra vez el caballero y le dijo:

—Venga con nosotros, señor don Quijote. Somos sus servidores y amigos de Roque Guinart.

víspera *f.* 전날, (축제 등의) 전야

17 San Juan: 성 요한(세례자 요한)의 생일인 6월 24일 스페인에서 축제가 열립니다.
18 galera: '갤리선'이라고 하며, 노예나 죄수들에게 노를 젓게 한 큰 돛이 달린 배를 말합니다.

Don Quijote respondió:

—Llevadme donde queráis.

Todos se fueron a la ciudad y llegaron a casa del caballero. Era un hombre importante y rico.

CAPÍTULO XXXVI

Aventura de la cabeza encantada

◀37 El caballero se llamaba don Antonio Moreno. Aquel día comieron en su casa con algunos amigos. Trataron a don Quijote como a un verdadero caballero andante. Después de comer, don Antonio llevó a don Quijote a una habitación. Allí había una cabeza de bronce* sobre una mesa. Don Antonio le dijo:

—Señor don Quijote, le contaré una de las más raras aventuras imaginables. Pero prométame que guardará el secreto.

—Lo juro —respondió don Quijote.

—Esta cabeza, señor don Quijote —dijo don Antonio—, la hizo uno de los mayores encantadores del mundo. Responde todas las preguntas.

bronce *m.* 청동, 브론즈 | imaginable 상상할 수 있는

Don Quijote quedó admirado y no sabía si creerlo. Después salieron de la habitación. Don Antonio cerró la puerta y fueron a la sala con los demás caballeros. Mientras, Sancho contó muchas de sus aventuras a los demás. Por la noche, la mujer de don Antonio invitó a sus amigas. Cenaron muy bien y después bailaron. Dos damas burlonas sacaron a bailar a don Quijote. No paraban de bailar. Don Quijote estaba muy cansado y se sentó en el suelo. Sancho lo llevó a la cama y lo tapó.

Al día siguiente, don Antonio decidió mostrar a don Quijote la virtud de la cabeza encantada. Entraron todos en la habitación. Don Antonio preguntó primero a la cabeza encantada. Le dijo:

—¿Cuántos estamos aquí?

—Tú, tu mujer, dos amigos tuyos y dos de ella —respondió la cabeza—. También está el famoso caballero don Quijote de la Mancha y su escudero.

Luego le preguntó don Quijote:

—¿Fue verdad o sueño lo que pasó en la cueva de Montesinos? ¿Sancho se dará los azotes? ¿Se desencantará Dulcinea?

burlón(a) 장난기 많은

—Lo de la cueva, tiene de todo —respondió la cabeza—. Los azotes de Sancho irán despacio. El desencantamiento de Dulcinea se ejecutará.

—No quiero saber más —dijo don Quijote.

El último en preguntar fue Sancho. Le preguntó:

—¿Tendré otro gobierno? ¿Dejaré de ser escudero? ¿Volveré a ver a mi mujer y a mis hijos?

Entonces la cabeza respondió:

—Gobernarás en tu casa. Si vuelves a ella, verás a tu mujer e hijos. Y si dejas de servir, dejarás de ser escudero.

—¡Vaya! —dijo Sancho Panza—. Esto también sé decirlo yo.

—Bestia —dijo don Quijote—, ¿qué quieres que te responda? ¿No es suficiente con que las respuestas correspondan a las preguntas?

—Sí basta —respondió Sancho—. Pero me gustaría saber más cosas.

cueva *f.* 동굴

Acabaron las preguntas y las respuestas. En realidad, la cabeza no estaba encantada. Estaba hueca, y también la mesa. En la habitación de abajo había un tubo*. Este tubo estaba unido a la cabeza. Así, desde la habitación de abajo, hablaban y el sonido salía por la cabeza. Un sobrino de don Antonio respondía a las preguntas.

Más tarde, don Quijote decidió pasear por la ciudad. Al pasar por una calle vio escrito en una puerta: Aquí se imprimen* libros. Estaba muy contento porque nunca había visto una imprenta. Entró y vio todo lo que se hace en una imprenta. Vio también que corregían un libro. Preguntó por su título y le respondieron que se llamaba: Segunda parte del ingenioso hidalgo don Quijote de la Mancha. Su autor era un vecino de Tordesillas[19].

—Ya tengo noticia de este libro —dijo don Quijote—. Pensé que debía estar ya quemado por impertinente. Pero ya le llegará su hora.

Y salió de la imprenta algo triste.

tubo *m.* 관, 파이프 | imprimir *tr.* 인쇄하다, 출판하다 | imprenta *f.* 인쇄, 인쇄소

19 Tordesillas: 바야돌리드 지역의 도시로, 가짜 돈 키호테의 작가가 이곳 출신이라고 추정됩니다.

CAPÍTULO XXXVII

Batalla con el Caballero de la Blanca Luna

38 Una mañana, don Quijote salió a pasear por la playa. Como siempre, iba armado según exige la orden de la caballería andante. Llegó un caballero, también armado, con una luna en el escudo. Se acercó a don Quijote y le dijo:

—Soy el Caballero de la Blanca Luna. Vengo a luchar contigo. Deberás confesar que mi dama es más hermosa que tu Dulcinea. Si gano la batalla, dejarás las armas durante un año. Volverás a tu pueblo y vivirás tranquilo. Si me vences, haré lo que me digas.

Don Quijote quedó sorprendido por la arrogancia del caballero. Pero también por la causa del desafío. Con tranquilidad le respondió:

—Caballero de la Blanca Luna, acepto vuestro desafío. Tomad la parte del campo que queráis.

arrogancia *f.* 거만, 오만

Don Antonio y otros caballeros fueron a la playa para ver lo que ocurría. Don Quijote se encomendó al cielo y a Dulcinea, como solía hacer al comenzar las batallas.

> encomendarse + a: (~에게) 보호를 의뢰하다

Los dos caballeros pusieron distancia entre ellos y luego se dieron la vuelta. El caballo del de la Blanca Luna era más ligero que Rocinante. Llegó rápido y golpeó a don Quijote con mucha fuerza. Rocinante y don Quijote cayeron al suelo.

El caballero de la Blanca Luna le puso la lanza en la cara y le dijo:

—Estáis vencido, caballero. Confesad lo que prometisteis.

Don Quijote estaba muy malherido. Con voz débil y enferma dijo:

> estar + 과거 분사: ~한 상태에 있다
> malherir(심한 상처를 입다)의 과거 분사형으로 estar 동사와 함께 쓰여 심하게 다친 상태를 의미합니다.

—Dulcinea del Toboso es la más hermosa mujer del mundo. Yo soy el caballero más desgraciado de la tierra por mi debilidad*. Aprieta la lanza, caballero, y mátame.

—No lo haré —dijo el de la Blanca Luna—. Viva la hermosura de la señora Dulcinea del Toboso. Es suficiente con que vuelva a su pueblo durante un año.

debilidad *f.* 약함, 쇠약함

Don Quijote dijo que cumpliría como verdadero caballero. Después el caballero de la Blanca Luna se fue. Don Antonio lo siguió para saber quién era. Mientras, levantaron a don Quijote, le quitaron el casco y lo vieron sin color. Rocinante no podía moverse. Sancho estaba muy triste. No sabía qué decir ni qué hacer. Veía a su señor rendido y obligado a no tomar armas en un año. Todas las promesas desaparecieron.

Finalmente, llevaron a don Quijote a casa de don Antonio.

rendido/a 순종한, 녹초가 된

CAPÍTULO XXXVIII

La verdadera historia del Caballero de la Blanca Luna

39 Don Antonio siguió al Caballero de la Blanca Luna hasta un mesón. Al ver el de la Blanca Luna que aquel caballero no lo dejaba, le dijo:

—Bien sé, señor, a lo que venís. Queréis saber quién soy. Señor, me llamo Sansón Carrasco. Soy vecino de don Quijote de la Mancha. Todos los que le conocemos sentimos pena por él y su locura. Creemos que debe descansar para recuperar el juicio. Por eso preparé este plan para llevarlo a casa.

—¡Oh señor —dijo don Antonio—, Dios os perdone por querer volver cuerdo al más gracioso loco del mundo!

Luego don Antonio volvió a su casa. Don Quijote estuvo seis días en la cama. Estaba muy triste y pensativo. Sancho le consolaba y le decía:

—Señor mío, alégrese. Volvamos a casa y dejemos de buscar aventuras.

mesón *m.* 주점, 객줏집

—Calla, Sancho —dijo don Quijote—. Después de un año volveré a mis aventuras.

Llegó el día de la partida de don Quijote y Sancho. Se despidieron de todos y se marcharon de camino a casa. Aquella noche la pasaron en mitad del campo. Al día siguiente, continuaron su camino.

CAPÍTULO XXXIX

Aventura de los cerdos

◀40 Mientras caminaban, don Quijote le dijo a su escudero:

—¡Oh Sancho! Si te parece bien, nos convertiremos en pastores. Por lo menos el tiempo que debo estar recogido. Compraré ovejas y todo lo necesario. Me llamaré pastor Quijotiz y tú pastor Pancino. Andaremos por los montes, cantaremos, beberemos de las fuentes.

—Me parece muy bien —dijo Sancho—. Me gusta ese tipo de vida.

Después, pararon a cenar y se acostaron. La noche era oscura. Sancho dormía profundamente, pero don Quijote no podía dormir. Despertó a Sancho y le dijo:

—Estoy maravillado*, Sancho. Yo estoy despierto cuando tú duermes. Yo lloro cuando tú cantas. Levántate y date trescientos o cuatrocientos azotes.

maravillado/a 놀라운, 감탄한

—Déjeme dormir o juraré no azotarme nunca —dijo Sancho.

—¡Oh alma insensible! ¡Oh escudero sin piedad!

De repente sintieron un gran ruido. Don Quijote se levantó y cogió su espada. Sancho se escondió debajo del burro. El ruido era cada vez mayor. Unos hombres iban a vender unos cerdos en una feria. Eran ellos los que hacían el ruido.

Llegaron los animales y pasaron por encima de don Quijote y Sancho. Sancho se levantó y pidió a su señor la espada. Quería matar a los cerdos.

Don Quijote le dijo:

—Déjalos, amigo. Es un castigo del cielo por estar vencido.

Llegó el día. Despertaron y volvieron a su camino. Por la tarde, vieron a algunos hombres a caballo y otros a pie. Llevaban lanzas y espadas. Sin hablar, rodearon a don Quijote. Le hicieron una señal para que no hablase. Cogieron a Rocinante y lo sacaron del camino. También rodearon a Sancho y al burro. A la una de la noche llegaron a un castillo. Don Quijote reconoció que era el del duque.

—¡Dios mío! —dijo al reconocer el castillo—. ¿Qué será esto? Para los vencidos el bien se transforma en mal.

Luego entraron en el patio del castillo.

azotar *tr.* (누구를) 매로 때리다, 매질하다 | insensible 무감각한, 무신경한 | piedad *f.* 동정심, 자비심

CAPÍTULO XL

Muerte de Altisidora

41 En medio del patio había un sepulcro. Estaba cubierto de terciopelo* negro y rodeado de velas blancas. Encima del sepulcro estaba el cuerpo de una hermosa doncella. A un lado del patio había un tablado y sobre él dos personajes sentados en dos sillas. Parecían reyes porque llevaban coronas* en la cabeza. Al lado había dos sillas donde sentaron a don Quijote y a Sancho. Luego aparecieron los duques y se sentaron junto a los reyes.

Don Quijote conoció que el cuerpo muerto era Altisidora. Uno de los reyes dijo:

—¡Ministros de esta casa! Dad a Sancho veinticuatro mamonas, doce pellizcos y seis alfilerazos. Así resucitará Altisidora.

mamonas는 손가락으로 다른 사람의 얼굴을 세게 때리는 장난을 말합니다.

Al oírlo, Sancho dijo:

—¡No me dejaré tocar!

terciopelo *m.* 우단, 비로드 | tablado *m.* (판자를 댄) 단 | corona *f.* 관, 왕관 | pellizco *m.* 꼬집기 | alfilerazo *m.* 찌르기 | resucitar *tr.* 소생시키다, 부활시키다

—Morirás —dijo el rey—. Ablándate. ¡Ministros, cumplid mi orden!

Aparecieron seis dueñas con las manos derechas levantadas. Cuando Sancho las vio, dijo:

—Me dejaré tocar por todo el mundo menos por dueñas. ¡Eso no!

Don Quijote rompió su silencio y le dijo:

—Ten paciencia, hijo. Da gracias por poder desencantar a los encantados y resucitar a los muertos.

Ya estaban las dueñas cerca de Sancho. Una a una pellizcaron y pincharon con alfileres a Sancho. Entonces Altisidora se movió. Todos empezaron a gritar:

—¡Altisidora está viva! ¡Altisidora vive!

Los duques se levantaron y fueron a recibir a Altisidora. Ella se arrodilló ante los duques y dijo a don Quijote:

—Dios te lo perdone, desenamorado caballero. Por tu crueldad* he estado en el otro mundo. ¡Oh compasivo escudero! Gracias por salvarme.

pellizcar *tr.* 꼬집다 | pinchar *tr.* 찌르다, 쏘다 | alfiler *m.* 핀, 브로치 | crueldad *f.* 잔인함, 잔혹함

Después, todos se fueron a sus habitaciones. El duque mandó llevar a don Quijote y a Sancho a la suya. Apenas entró el hidalgo en la cama, dijo:

—¿Qué te parece, Sancho, el suceso de esta noche? ¡Muerta Altisidora por la indiferencia con que siempre la traté!

—Muérase ella cuanto quiera y como quiera —respondió Sancho— y déjeme a mí en mi casa, pues ni la enamoré ni la desprecié. No sé por qué la salud de Altisidora tiene que ver con los martirios de Sancho Panza. Ahora sí creo que hay encantadores en el mundo. Y le suplico a vuestra merced que me deje dormir. No me pregunte más si no quiere que me tire por la ventana.

—Duerme, Sancho amigo —respondió don Quijote—, si te lo permiten los alfilerazos, pellizcos y mamonas recibidas.

—Ningún dolor —replicó Sancho— fue peor que las mamonas, porque me las hicieron dueñas. Y vuelvo a suplicarle que me deje dormir. El sueño alivia las miserias.

—Así sea —dijo don Quijote—, y Dios te acompañe.

martirio *m.* (육체적이나 정신적) 수난, 고통

Cide Hamete cuenta luego por qué se burlaron los duques del caballero y su escudero. Dice que el bachiller Sansón Carrasco quiso pelear con don Quijote, pues no olvidaba que fue vencido por él. Se informó del lugar donde estaban don Quijote y Sancho, buscó armas nuevas y caballo y puso una blanca luna en el escudo.

Llegó al castillo del duque y le informó de que don Quijote iba a unas justas a Zaragoza. También le contó las burlas que le hicieron sobre el desencantamiento de Dulcinea. El duque le pidió que si lo encontraba, le venciese o no, volviese por allí para contarle lo sucedido. Así lo hizo el bachiller. Partió en su busca, no lo encontró en Zaragoza, siguió adelante y sucedió lo que queda dicho.

Volvió por el castillo del duque y le contó todo. Le dijo que don Quijote volvía a casa para cumplir con las condiciones de la batalla. Debía retirarse un año en su pueblo y así sanaría de su locura. Con esto, se despidió del duque y volvió a su pueblo, donde esperó a don Quijote.

De aquí tomó ocasión el duque para hacerle aquella burla.

Llegó el día y se levantaron. Los duques entraron a verlos. Don Quijote les pidió permiso para marcharse y aquella misma tarde don Quijote y Sancho abandonaron el palacio de los duques.

CAPÍTULO XLI

Azotes de Sancho Panza

42 Siguieron los dos su camino a casa. Durante el camino, don Quijote le dijo a Sancho:

—Si quieres paga por los azotes, te la daré.

A Sancho le pareció bien la propuesta de su señor. Le dijo:

—Señor, daré gusto a vuestra merced con beneficio para mí. El amor a mis hijos y a mi mujer me hace ser interesado. ¿Cuánto me dará por cada azote?

—Pon precio a cada azote —respondió don Quijote— y coge el dinero.

—Son ochocientos veinticinco reales —respondió Sancho— por los tres mil trescientos azotes.

—¡Oh Sancho bendito! ¡Oh Sancho amable! —respondió don Quijote—. Dulcinea y yo quedaremos obligados a servirte todos los días de nuestra vida. ¿Cuándo comenzarás con los azotes?

—¿Cuándo? —replicó Sancho—. Esta misma noche.

Llegó la noche y don Quijote estaba ansioso* por ver cumplir a Sancho su promesa. Después de cenar, Sancho se retiró entre unos árboles para azotarse.

ansioso/a + por: ~에 안달이 난

Don Quijote le dijo:

—Ten cuidado, amigo, no te hagas pedazos.

—Pienso darme para que me duela, pero sin matarme —respondió Sancho.

Se desnudó de cintura para arriba. Cogió una cuerda y don Quijote empezó a contar los azotes. Sancho se dio seis u ocho azotes. Como le dolía, dejó de dárselos en la espalda. Empezó a darlos en los árboles. Mientras, suspiraba para parecer que se los daba a él mismo.

Don Quijote, preocupado por Sancho, le dijo:

—Sancho, deja de azotarte. Ya llevas más de mil azotes. Basta por ahora, que no se ganó Zamora en una hora[20].

—No, no, señor —respondió Sancho—. No quiero que se diga de mí que «a dineros pagados, brazos quebrados». Así que me daré otros mil.

a dineros pagados, brazos quebrados: 돈을 미리 받고도 약속된 일을 하지 않는 경우를 말하는 표현으로, 미리 지불하지 말라는 의미로 사용됩니다.

ansioso/a (~을/를) 바라는, (~에) 안달이 난

20 no se ganó Zamora en una hora: '로마는 하루아침에 이루어지지 않는다'와 유사한 의미의 스페인 속담으로 '큰일은 단기간에 이루어지는 것이 아니다'라는 뜻입니다. 여기서 Zamora는 카스티야이레온 지방의 도시 이름입니다.

—De acuerdo —dijo don Quijote—. Que el cielo te ayude.

Sancho volvió a su tarea. Un poco después, don Quijote se acercó y le quitó la cuerda. Le dijo:

—No permitiré, Sancho amigo, que por mi gusto pierdas tu vida.

Abrigó a Sancho con su capa y durmieron hasta que los despertó el sol.

CAPÍTULO XLII

Vuelta a casa

43 Aquel día y aquella noche caminaron sin sucederles nada. Sancho acabó sus azotes y don Quijote quedó muy contento. Esperaba el día para encontrar a Dulcinea desencantada. Subieron a una cuesta y vieron su pueblo. Sancho se arrodilló y dijo:

—Abre los ojos, deseada patria, y mira que vuelve Sancho Panza, tu hijo. No muy rico, pero muy bien azotado.

—No digas tonterías —dijo don Quijote—. Vamos a entrar en nuestro pueblo con pie derecho. Tenemos que preparar nuestra vida de pastores.

con pie derecho는 '운 좋게', '순조롭게'라는 뜻의 스페인어 표현입니다.

Bajaron la cuesta y fueron a su pueblo. En la entrada del pueblo había dos niños discutiendo. Uno dijo al otro:

—No te canses, Periquillo. No la verás en todos los días de tu vida.

desencantado/a 마법에서 풀린

Lo oyó don Quijote y dijo a Sancho:

—¿Has oído lo que ha dicho aquel niño?

—¿Qué importa lo que ha dicho? —respondió Sancho.

—¿Qué? —replicó don Quijote—. Quiere decir que no veré más a Dulcinea.

Sancho le quería responder, pero se lo impidió una liebre* a la que perseguían muchos galgos y cazadores. La liebre se escondió en los pies del burro. Sancho la cogió y se la dio a don Quijote. Entonces, don Quijote dijo:

—¡Malum signum! ¡Malum signum! Liebre huye, galgos la siguen: ¡Dulcinea no aparece!

malum signum은 스페인어로 mala senal 혹은 mal augurio와 같은 의미로 '나쁜 징조'라는 뜻입니다.

—Vuestra merced es extraño —dijo Sancho—. Supongamos que esta liebre es Dulcinea. Los galgos son los encantadores que la transformaron en labradora. Ella huye, yo la cojo y se la doy. Vuestra merced la tiene en los brazos y la protege. ¿Qué mala señal es esta?

Llegaron los cazadores, pidieron la liebre y don Quijote se la dio. Después entraron en el pueblo. Encontraron al cura y al bachiller Carrasco en un prado. Todos se abrazaron. Luego fueron a casa de don Quijote. En la puerta esperaban la criada y la sobrina. También esperaba Teresa Panza con su hija Sanchica.

liebre *f.* 산토끼 | galgo *m.* 사냥개

Al ver a su marido, le dijo:

—¿Cómo venís así, marido mío? No tenéis aspecto de gobernador.

—Calla, Teresa —respondió Sancho—. Vamos a casa y oirás maravillas. Tengo dinero ganado por mí.

Don Quijote les contó al cura y al bachiller su derrota*. Les dijo que quería hacerse pastor. Se quedaron sorprendidos por la nueva locura de don Quijote, pero lo aprobaron y se ofrecieron como compañeros. No querían que se fuese otra vez del pueblo. Luego se despidieron y le rogaron que cuidase su salud.

—Llevadme a la cama. No estoy muy bueno —dijo don Quijote.

La criada y la sobrina lo llevaron a la cama, le dieron de comer y lo cuidaron.

derrota *f.* 패배

CAPÍTULO XLIII

Muerte de don Quijote

44 Las cosas humanas no son eternas. La vida de don Quijote llegó a su fin cuando menos lo pensaba. La fiebre* le tuvo seis días en la cama. Lo visitaban sus amigos y Sancho no se apartaba de él. Todos intentaban alegrarle. Le decían que se levantase para comenzar su nuevo oficio de pastor. Pero don Quijote seguía triste. Llamaron al médico. Le tomó el pulso* y no le gustó. Dijo que su vida corría peligro. Don Quijote lo escuchó tranquilo. Pero la criada, la sobrina y Sancho comenzaron a llorar.

Don Quijote pidió que lo dejasen solo. Quería dormir un poco. Durmió más de seis horas. Cuando despertó, dijo:

—¡Bendito sea el poderoso Dios! Ya tengo juicio. Ya no estoy loco por culpa de los libros de caballerías. Sobrina, estoy a punto de morir. Llama a mis amigos. Quiero confesarme y hacer mi testamento.

fiebre *f.* (병에 의한) 열 | pulso *m.* 맥, 맥박 | testamento *m.* 유언

En ese momento entraron el cura, el bachiller y el barbero. Cuando don Quijote los vio, les dijo:

—Ya no soy don Quijote de la Mancha, sino Alonso Quijano el Bueno.

Los tres creyeron que era una nueva locura. Sansón le dijo:

—¿Ahora, señor don Quijote, que sabemos que Dulcinea está desencantada?

—Señores, me estoy muriendo. No se burlen y traigan un confesor* y un escribano.

El cura se quedó con él y le confesó. El bachiller fue a buscar al escribano y a Sancho Panza. Éste, que ya sabía cómo estaba su señor, comenzó a llorar. El cura salió diciendo:

—Verdaderamente se muere. Y verdaderamente está cuerdo Alonso Quijano el Bueno. Entremos para que haga su testamento.

Entraron todos y don Quijote dijo:

—Quiero pagar a Sancho el dinero que le debo.

Se volvió a Sancho y le dijo:

—Perdóname, amigo, por hacerte parecer loco como yo.

confesor *m.* 고해 성사 신부 | escribano *m.* 공증인, 대서인(*f.* escribana)

—¡Ay! —respondió Sancho, llorando— no se muera, señor mío. Viva muchos años. La mayor locura de un hombre es dejarse morir.

dejarse + *inf.*: ~하게 내버려 두다

Pero don Quijote siguió con su testamento:

—Doy todos mis bienes a mi sobrina Antonia Quijano. A mi criada páguesele lo que le debo y veinte ducados para un vestido.

ducado는 11레알에 해당하는 옛날 은시 화폐 단위였습니다.

Mis albaceas serán el señor cura y el bachiller Sansón Carrasco. Además, mi sobrina no podrá casarse con hombre que lea libros de caballerías.

Terminó el testamento y se desmayó. Vivió tres días más. Luego, llegó el último día de don Quijote. Entre lágrimas de los que estaban allí, murió.

Este fin tuvo el Ingenioso Hidalgo de la Mancha. El autor de esta historia no quiso poner el nombre de su pueblo. Así todos los pueblos de la Mancha pelearían por serlo. Igual que pelearon las siete ciudades de Grecia por Homero[21].

albacea *m.f.* 유언 집행인

21 Homero: 고대 그리스의 시인으로 la Illiada(일리아드)와 la Odisea(오디세이)가 대표적인 작품입니다.

Sansón Carrasco escribió el siguiente epitafio para
don Quijote:

Yace aquí el hidalgo fuerte
que a tanto extremo llegó
de valiente, que se advierte
que la Muerte no triunfó
de su vida con su muerte.
Tuvo a todo el mundo en poco;
fue el espantajo y el coco
del mundo, en tal coyuntura,
que acreditó su ventura
morir cuerdo y vivir loco.

ANEXO
부록

ACTIVIDADES 연습 문제

SOLUCIONARIO 정답

TRADUCCIONES 본문 번역

ACTIVIDADES
연습 문제

1 Responde a las siguientes cuestiones.
다음 질문에 답하세요.

(1) ¿Quién es Sansón Carrasco?

(2) ¿Dónde decide ir don Quijote en su tercera salida? ¿Por qué?

(3) ¿Por qué no quiere la mujer de Sancho Panza que su hija sea condesa?

(4) ¿Qué le pide Sancho Panza a don Quijote antes de partir?

(5) ¿Cómo engaña Sancho Panza a don Quijote cuando van al Toboso a buscar a Dulcinea?

(6) ¿Quién es el Caballero de los Espejos?

(7) ¿Qué le ocurrió a don Quijote en la cueva de Montesinos?

(8) ¿Es realidad o fantasía lo que le pasó a don Quijote en la cueva?

(9) ¿Quién es maese Pedro?

(10) ¿Por qué don Quijote creyó ser un verdadero caballero andante cuando llegó al palacio de los duques?

(11) Según Merlín, ¿cómo debe desencantarse a Dulcinea?

(12) ¿Qué es Clavileño?

(13) ¿Por qué cree Sancho Panza que están volando cuando suben en Clavileño?

(14) ¿Para qué entró doña Rodríguez en la habitación de don Quijote?

(15) ¿Por qué abandona Sancho Panza el gobierno de la ínsula?

(16) ¿Por qué Tosilos no lucha contra don Quijote?

(17) ¿Por qué decide don Quijote no ir a Zaragoza?

(18) ¿Quién es Roque Guinart?

(19) ¿Por qué habla la cabeza encantada de don Antonio?

(20) ¿Qué oficio quiere practicar don Quijote cuando vuelva a su aldea?

2 ¿Verdadero o falso?

다음의 문장을 읽고 참(V)인지 거짓(F)인지 답하세요.

(1) Sansón Carrasco dijo que la historia de don Quijote y Sancho es difícil de entender para la gente.

(2) Don Quijote está enamorado de Dulcinea de oídas.

(3) El escudero del Caballero de los Espejos es amigo de Sancho.

(4) Don Quijote luchó con dos grandes leones y los mató.

(5) Don Quijote vio a Dulcinea encantada en la cueva de Montesinos.

(6) El mono de maese Pedro adivinaba el futuro.

(7) Los duques conocían la historia de don Quijote y Sancho.

(8) La condesa Trifaldi también era conocida como la dueña Malherida.

(9) Altisidora estaba enamorada de Sancho Panza.

(10) Sancho podía comer y beber todo lo que quería en la ínsula Barataria.

3 Lee el siguiente texto y subraya las ideas principale.

다음을 읽고 주요(핵심) 개념에 밑줄을 쳐 보세요.

Sepamos ahora, Sancho hermano, dónde vas. ¿Qué vas a buscar? A una princesa. ¿Adónde? A la gran ciudad del Toboso. ¿Y la has visto algún día? Ni yo ni mi señor la vimos nunca. ¡El diablo, el diablo me ha metido a mí en esto! Pero todas las cosas tienen remedio. Mi señor es un loco de atar. Y yo también, por seguirlo y servirlo, que, como dice el refrán: «Dime con quién andas y te diré quién eres». Como está loco, le haré creer que la primera labradora que encuentre es la señora Dulcinea.

4 Relaciona cada palabra o expresión con su definición.

단어를 해당하는 뜻과 연결하세요.

Nº	Palabra/expresión
(1)	Agravio
(2)	Talega
(3)	Bandolero
(4)	Desafiar
(5)	Dormir a pierna suelta
(6)	Sin rodeos
(7)	De carne y hueso
(8)	Justas
(9)	Maldecir

Opción	Definición
ⓐ	Persona que se dedicaba a robar y asesinar.
ⓑ	Real, verdadero.
ⓒ	Competición en la que los caballeros mostraban su habilidad con las armas.
ⓓ	Daño o perjuicio.
ⓔ	Desear algo malo a alguien con palabras.
ⓕ	Provocar a una persona para luchar.
ⓖ	Bolsa de tela, larga y estrecha, que se usa para guardar o llevar cosas.
ⓗ	Dormir muy profundamente.
ⓘ	Directamente.

5 Tacha la palabra que no guarde relación con el significado de las demás.

다음 단어들과 의미가 다른 단어를 골라 줄을 그어 표시하세요.

(1) Cementerio, testamento, luto, confesor, refrán.

(2) Alfilerazo, cuchillada, pellizco, pañuelo, mamona.

(3) Ladrón, ninfa, bandolero, engañador, galeote.

(4) Arrogancia, crueldad, discreción, debilidad, malicia.

(5) Anochecer, rebaño, antorcha, roncar, dormir a pierna suelta.

6 **Agrupa las palabras listadas a continuación con cada una de las siguientes categorías.**
다음 단어들을 아래 표에 분류한 해당 영역에 쓰세요.

Ajo, arpa, barbero, cebolla, cerdo, comediante, conde, condesa, duque, escribano, galgo, ganadero, halcón, infanta, jaca, laúd, liebre, pan, princesa, requesón, tambores, titiritero, vihuela.

Instrumentos	Oficios	Alimentación	Títulos	Animales

7 **Completa los textos siguientes con las expresiones que aparecen en el recuardro.**
빈칸에 적당한 단어를 골라 넣으세요.

(1)

al / relinchos / salida / Zaragoza / pensó / justas / dónde

En ese momento, oyeron ________ de Rocinante. Don Quijote ________ que era una buena señal y decidió hacer otra ________ en unos días. Se lo dijo ________ bachiller y le preguntó por ________ empezar el viaje. El bachiller le respondió que debía ir a ________ porque había unas ________ muy importantes.

(2)

sorprendido / con / moza / arrodilló / le / reina / boca

Don Quijote también se ________ junto a Sancho. Miraba ________ ojos desencajados a la que Sancho llamaba ________ y señora. A él ________ parecía una ________ fea y carirredonda. Estaba tan ________ que no se atrevía a abrir la ________

(3)

ti / regalos / consejos / porque / lágrimas / gobernador / no / fama

Quiero darte unos ________ para ser un buen ________ Primero, ¡oh hijo!, teme a Dios, ________ es de sabios. Segundo, conócete a ________ mismo. Sé humilde y ________ desprecies tus orígenes. Descubre la verdad entre los ________ de los ricos y las ________ de los pobres. Si sigues estas reglas, Sancho, tus días serán largos y tu ________ eterna.

8 **Relaciona cada palabra de la columna izquierda con los sinónimos y antónimos que le correspondan en la columna derecha.**

왼쪽에 있는 단어의 유의어와 반의어를 오른쪽에서 찾으세요.

Lista de palabras	Sinónimos y antónimos
chismosa, confesar, cuerdo, forastero, ignorante, ingrata, maligno, rival, sepulcro	chismosa, confesar, cuerdo, forastero, ignorante, ingrata, maligno, rival, sepulcro

SOLUCIONARIO

정답

1 (1) Es un vecino de don Quijote y Sancho.

(2) A Zaragoza, porque Sansón Carrasco le dice que se van a celebrar allí unas justas muy importantes.

(3) Porque no quiere que la gente la critique por haber sido pobre.

(4) Que le ponga un sueldo.

(5) Le hace creer que Dulcinea es una labradora.

(6) Sansón Carrasco.

(7) Que encontró un palacio donde estaban Montesinos, Durandarte y Belerma. También vio a Dulcinea, y todos estaban encantados.

(8) Respuesta libre, aunque se puede creer que fue un sueño porque cuando don Quijote salió de la cueva estaba dormido.

(9) Ginés de Pasamonte. Uno de los galeotes que aparecen en la primera parte.

(10) Porque lo trataron como si lo fuera realmente.

(11) Sancho Panza debe azotarse 3300 veces.

(12) Un caballo de madera mágico.

(13) Porque siente el viento y el calor que producen los criados de los duques con los fuelles y las estopas.

(14) Para pedirle a don Quijote que defienda la honra de su hija y obligue a su novio a casarse con ella.

(15) Porque hay demasiadas obligaciones.

(16) Porque cuando ve a la hija de doña Rodríguez, se enamora de ella.

(17) Porque el falso Quijote va a Zaragoza.

(18) Un bandolero catalán.

(19) En realidad, la cabeza no estaba encantada. Estaba hueca, y en la habitación de abajo había un tubo que estaba unido a ella. Así, desde la habitación, hablaban y el sonido salía por la cabeza.

(20) Quiere ser pastor. Él se llamará Quijotiz, y Sancho, Pancino.

• 문제 및 정답 번역

(1) 산손 카라스코는 누구인가요? ▶돈 키호테와 산초의 이웃 사람입니다.

(2) 어디에서 돈 키호테는 세 번째 출정을 하기로 결심하나요? 그 이유는 무엇인가요? ▶사라고사로 갑니다. 왜냐하면 산손 카라스코가 그에게 그곳에서 아주 중요한 마상 창 시합이 열릴 것이라고 했기 때문입니다.

(3) 산초 판사의 아내는 왜 그녀의 딸이 백작 부인이 되는 것을 바라지 않나요? ▶사람들이 가난했다는 사실로 그녀를 비난하기를 원하지 않았기 때문입니다.

(4) 출정 이전에 산초 판사는 돈 키호테에게 무엇을 요청하나요? ▶그에게 급료를 줄 것을 요청했습니다.

(5) 둘시네아를 찾으러 토보소에 갈 때 산초 판사는 어떻게 돈 키호테를 속이나요? ▶둘시네아가 여자 농부라고 믿게끔 합니다.

(6) 거울의 기사는 누구인가요? ▶산손 카라스코입니다.

(7) 몬테시노스 동굴에서 돈 키호테에게 무슨 일이 일어났나요? ▶몬테시노스와 두란다르테, 벨레르마가 있던 궁전을 발견했습니다. 역시 둘시네아를 보게 되고 모두가 마법에 걸려 있었습니다.

(8) 동굴에서 돈 키호테에게 일어난 것은 사실인가요? 환상인가요? ▶(자유 대답) 돈 키호테가 동굴에서 나올 때 잠들어 있었기 때문에 꿈이었다고 믿을 수도 있었을 것입니다.

(9) 페드로 선생은 누구인가요? ▶히네스 데 파사몬테입니다. 1부에서 나온 갤리선 죄수 중의 하나입니다.

(10) 돈 키호테가 공작의 성에 도착했을 때 왜 진짜 편력 기사가 된다고 생각했나요? ▶왜냐하면 그를 진짜 기사처럼 대해 주었기 때문입니다.

(11) 메를린의 말에 따르면 어떻게 둘시네아를 마법에서 풀어야 하나요? ▶산초 판사가 3,300대의 매를 맞아야 합니다.

(12) 클라빌레뇨는 무엇인가요? ▶나무로 된 신비로운 말입니다.

(13) 왜 산초 판사는 클라빌레뇨에 올라탈 때 날고 있다고 생각했나요? ▶왜냐하면 공작의 하인들이 풀무와 삼 부스러기를 가지고 만들어 낸 바람과 열기를 느꼈기 때문입니다.

(14) 도냐 로드리게스는 무엇 때문에 돈 키호테의 방에 들어갔나요? ▶돈 키호테에게 자기 딸의 명예를 지켜 주고 딸의 약혼자가 딸과 결혼하게 해 달라고 부탁하려고 들어갔습니다.

(15) 왜 산초 판사는 섬의 통치를 그만두었나요? ▶왜냐하면 너무 많은 책임들이 있기 때문입니다.

(16) 토실로스는 왜 돈 키호테와 싸우지 않나요? ▶왜냐하면 로드리게스 부인의 딸을 보고 한눈에 사랑에 빠졌기 때문입니다.

(17) 돈 키호테는 왜 사라고사로 가지 않기로 결심했나요? ▶왜냐하면 가짜 돈 키호테가 사라고사로 가기 때문입니다.

(18) 로케 기나르트는 누구인가요? ▶카탈루냐 출신의 산적입니다.

(19) 돈 안토니오의 마법에 걸린 두상은 왜 말을 하나요? ▶실제로는 그 두상은 마법에 걸리지 않았습니다. 속이 빈 채로, 아래 방에 그 두상과 연결되어 있는 관이 있었는데, 그 방에서 말을 하면 그 소리가 두상을 통해서 나왔습니다.

(20) 돈 키호테는 마을에 돌아가서 무슨 일을 하고 싶어 하나요? ▶양을 치는 목자가 되고 싶어 합니다. 자기 이름을 키호티스라고 하고 산초는 판시노라고 부르려고 했습니다.

2 (1) Falso.
(2) Verdadero.
(3) Verdadero.
(4) Falso.
(5) Verdadero.
(6) Falso.
(7) Verdadero.
(8) Falso.
(9) Falso.
(10) Falso.

• 문제 및 정답 번역

(1) 산손 카라스코는 돈 키호테와 산초의 이야기는 사람들이 이해하기 어렵다고 말했다. ▶거짓

(2) 돈 키호테는 둘시네아에 대한 이야기만 듣고 사랑에 빠졌다. ▶참

(3) 거울의 기사의 종자는 산초의 친구다. ▶참

(4) 돈 키호테는 두 마리의 큰 사자와 싸워서 그것들을 죽였다. ▶거짓

(5) 돈 키호테는 몬테시노스 동굴에서 둘시네아가 마법에 걸린 것을 보았다. ▶참

(6) 페드로 선생의 원숭이는 미래를 예언했다. ▶거짓

(7) 공작 부부는 돈 키호테와 산초의 이야기를 알고 있었다. ▶참

(8) 트리팔디 백작 부인은 역시 말에리다 부인으로도 알려져 있었다. ▶거짓

(9) 알티시도라는 산초 판사에게 사랑에 빠져 있었다. ▶거짓

(10) 산초는 바라타리아 섬에서 원하는 모든 것을 먹고 마실 수 있었다. ▶거짓

3 Sepamos ahora, Sancho hermano, dónde vas. ¿Qué vas a buscar? A una princesa. ¿Adónde? A la gran ciudad del Toboso. ¿Y la has visto algún día? Ni yo ni mi señor la vimos nunca. ¡El diablo, el diablo me ha metido a mí en esto! Pero todas las cosas tienen remedio. Mi señor es un loco de atar. Y yo también, por seguirle y servirle que, como dice el refrán: "Dime con quién andas y te diré quién eres". Como está loco, le haré creer que la primera labradora que encuentre es la señora Dulcinea.

• 문제 및 정답 번역

자, 네가 어디로 가는지 알아보자. 산초 형제여, 넌 무엇을 찾으려 하느냐? 공주이죠. 어디에서? 토보소라는 큰 마을에서요. 그녀를 언제 본 적이라도 있니? 나도 우리 주인님도 그녀를 전혀 본 적이 없죠. 악마야, 그 악마가 나를 이런 일에 끌어들인 거야! 하지만 모든 일에는 다 방법이 있지. 내 주인님은 행동에서 좀 미친 사람이죠. 그를 따라다니고 그를 섬기고 있으니 나도 역시 그렇고요. '네가 누구와 다니는지를 내게 말해 주면 네가 누구인지 말해 주마(친구를 보면 그 사람을 알 수 있다)'라는 속담처럼 말이에요. 그는 미친 상태이니, 처음으로 만나게 되는 여자 농부를 둘시네아 부인이라고 믿게 하려고요.

4 (1) ⓓ (2) ⓖ (3) ⓐ
(4) ⓕ (5) ⓗ (6) ⓘ
(7) ⓑ (8) ⓒ (9) ⓔ

• 문제 및 정답 번역

(1) 모욕, 손해 ▶ⓓ 피해, 손실

(2) 자루 ▶ⓖ 천으로 된 길고 좁은 주머니로 물건을 담거나 갖고 다니는 데 사용된다.

(3) 산적, 강도 ▶ⓐ 도둑질하거나 사람을 죽이는 일을 하는 사람들

(4) 도전하다, 결투하다 ▶ⓕ ~에게 싸울 것을 자극하다

(5) 푹 자다 ▶ⓗ 매우 깊이 잠자다

(6) 단도직입적으로 ▶ⓘ 직접적으로

(7) 실존의, 분별력 있는 ▶ⓑ 현실의, 실재의

(8) 마상 창 시합 ▶ⓒ 기사들이 무기를 가지고 기량을 보여 주는 시합

(9) 저주하다 ▶ⓔ 누군가에게 말로 나쁜 것을 원하다

5 (1) Cementerio, testamento, luto, confesor, refrán.

(2) Alfilerazo, cuchillada, pellizco, pañuelo, mamona.

(3) Ladrón, ninfa, bandolero, engañador, galeote.

(4) Arrogancia, crueldad, discreción, debilidad, malicia.

(5) Anochecer, rebaño, antorcha, roncar, dormir a pierna suelta.

• 문제 및 정답 번역

(1) 묘지, 유언, 상중, 고해 성사 신부, 속담

(2) (핀으로) 찌르기, 칼로 치기, 꼬집기, 손수건, 턱 아래치기

(3) 도둑, 요정, 강도, 사기꾼, 노 젓던 죄수

(4) 거만, 잔인함, 신중함, 약점, 악의

(5) 날이 저물다, 무리, 횃불, 코를 골다, 푹 자다

6

Instrumentos	arpa, laúd, tambores, vihuela
Oficios	barbero, comediante, escribano, ganadero, titiritero
Alimentación	ajo, cebolla, requesón, pan
Títulos	condesa, duque, infanta, conde, princesa
Animales	cerdo, galgo, halcón, jaca, liebre

• 문제 및 정답 번역

악기	하프, 류트, 북, 비우엘라
직업	이발사, 광대, 대서인, 목축업자, 인형극 조종자
식품	마늘, 양파, 연한 치즈, 빵
작위	백작 부인, 백작, 공작, 공주, 공주 왕녀
동물	돼지, 그레이 하운드, 매, 조랑말, 산토끼

7 (1) En ese momento, oyeron relinchos de Rocinante. Don Quijote pensó que era una buena señal y decidió hacer otra salida en unos días. Se lo dijo al bachiller y le preguntó por dónde empezar el viaje. El bachiller le respondió que debía ir a Zaragoza porque había unas justas muy importantes.

(2) Don Quijote también se arrodilló junto a Sancho. Miraba con ojos desencajados a la que Sancho llamaba reina y señora. A él le parecía una moza fea y carirredonda. Estaba tan sorprendido que no se atrevía a abrir la boca.

(3) Quiero darte unos consejos para ser un buen gobernador. Primero, ¡oh hijo!, teme a Dios, porque es de sabios. Segundo, conócete a ti mismo. Sé humilde y no desprecies tus orígenes. Descubre la verdad entre los regalos de los ricos y las lágrimas de los pobres. Si sigues estas reglas, Sancho, tus días serán largos y tu fama eterna.

• 문제 및 정답 번역

(1) 그 순간에 로시난테의 울음소리를 들었다. 돈 키호테는 좋은 신호라고 생각하고, 며칠 내로 다시 출정을 하기로 결심했다. 그것을 학사에게 말했고, 어디로 여행을 시작할지를 그에게 물었다. 학사는 그에게 아주 중요한 마상 창 시합이 있으니 사라고사로 가야 한다고 대답했다.

(2) 돈 키호테 또한 산초와 함께 무릎을 꿇었다. 휘둥그레진 눈으로, 산초가 왕비 그리고 부인이라고 부르는 그녀를 바라보았다. 그가 보기에는 못생기고 얼굴이 둥근 처자 같았다. 너무 놀라서 감히 입을 열 수 없었다.

(3) 나는 네게 훌륭한 통치자가 되기 위한 충고 몇 가지를 해 주겠다. 첫째로, 자네는, 하느님을 두려워해라. 왜냐하면 그는 지혜로우시기 때문이지. 둘째로, 네 자신을 알아라. 겸손하고 네 근본을 무시하지 마라. 부자들의 선물과 가난한 자들의 눈물 사이에서 진리를 발견하거라. 네가 이러한 규칙을 따른다면, 산초야, 네 날들이 길고, 네 명성이 영원할 것이다.

8

Palabra	Sinónimos	Antónimos
Chismosa	cotilla, curiosa	–
Confesar	declarar	callar
Cuerdo	sensato	loco
Forastero	extranjero	–
Ignorante	inculto	sabio
Ingrata	desagradecida	–
Maligno	malvado	bueno
Rival	enemigo	amigo
Sepulcro	sepultura	–

• 문제 및 정답 번역

단어	유의어	반의어
남의 말 하기를 좋아하는	농담을 좋아하는	–
고백하다	선언하다	침묵하다
신중한	분별있는	정신이 나간
외지인	외국인	–
무식한	교양없는	해박한
배은망덕한	은혜를 모르는	–
악의가 있는	사악한	선한
경쟁자	적	친구
묘	무덤	–

기발한 기사 돈 키호테 데 라 만차

Página 15

독자에게 보내는 서문

이거 참, 독자여! 두 번째 돈 키호테 이야기가 작가한테서 오는 것을 보기 위해 이 서문을 얼마나 애타게 기다렸나요! 하지만 제가 이 기쁨을 드리지는 않겠습니다. 그의 잘못을 별받게 하고 알아서 하라고 하죠. 제가 유감스러운 것은 나를 늙은이에 외팔이라고 부르는 것입니다. 나는 시간을 멈출 수 없고 전쟁에서 부상을 당했어요. 게다가 글은 나이로 쓰는 것이 아니라 세월과 함께 더 좋아지는 마음으로 쓰는 것이지요.

저는 더 이상 말씀드리지 않을게요. 단지 이 돈 키호테 2부는 첫 번째와 동일한 작가가 썼다는 것을 생각하세요. 그 속에서 더 넓어지고 결국은 죽어 묻히게 되는 돈 키호테를 당신에게 전해 드리지요. 그렇게 하면 아무도 그에 대한 거짓 이야기를 쓰지 못하겠지요.

Página 16

제 1 장

수사, 이발사와 돈 키호테의 대화

시데 하메테 베넹헬리는 이 이야기의 제2부에서 신부와 이발사는 이달고를 보지 못하고 한 달을 지냈다고 한다. 어느 날 그들은 그가 좀 나아졌는지 보기 위해 그를 방문하기로 결정했다. 그들은 편력 기사에 대해서는 말을 하지 말자는 것에 합의했다.

신부와 이발사가 도착했을 때 돈 키호테는 침대에 누워 있었다. 그는 그들을 아주 잘 맞이해 주었다. 그들은 그에게 건강에 대해 물었다. 그는 그들에게 사리에 맞게 기품 있는 말로 대답했다. 아주 신중하게 말을 해서 그 두 사람은 그가 제정신이라고 믿을 정도였다.

조카딸과 하녀는 돈 키호테가 더 이상 미친 상태가 아님을 하느님께 감사를 드리고 있었다. 하지만 신부는 다시 확인하고 싶어서 그에게 궁정의 소식들 몇 가지를 말해 주었다. 그에게 터키인들이 강력한 함대로 접근하고 있다고 말했다. 그래서 공격이 두려워서 왕은 해안을 잘 지키라고 명령했다.

Página 17

이 말에 돈 키호테는 대답했다.

"전하께서 신중한 전사처럼 행동하셨군요. 하지만 제 조언을 들으셔야 할 거예요."

이발사는 돈 키호테에게 그의 조언이 무엇이냐고 물었다.

"전하께서는 궁중에 스페인의 편력 기사를 모두 모아야 할 겁니다." 돈 키호테가 말했다. "그렇게 해서 터키의 함대를 쳐부술 수 있을 거예요."

"아이고!" 조카딸이 말했다. "아저씨가 다시 편력 기사가 되고 싶어 하시네!"

그때 돈 키호테가 말했다.

"나는 편력 기사로 죽어야 하오."

그러자 신부가 그에게 말했다.

"나는 편력 기사가 살과 뼈가 있는 실제 사람이라고 사람이라고 생각하지는 않소. 모든 게 허구이고 거짓이오."

"많은 사람들이 그 오류에 빠지지요." 돈 키호테가 대답했다. 하지만 내 눈으로 직접 아마디스 데 가울라를 볼 정도로 그것은 사실이요."

때마침 하녀와 조카딸이 뜰에서 소리 지르는 것을 들었다. 모두가 무슨 일이 일어났는지 보러 갔다.

Página 18

제2장

돈 키호테와 산초와의 대화

산초 판사는 돈 키호테를 보러 들어가기를 원했기 때문에 소리를 질렀고, 하녀와 조카딸은 그가 들어가지 못하게 하고 있었다고 이야기는 말한다. 하녀가 말했다.

"이 멍청이가 원하는 게 뭐지? 당신이 우리 주인님을 길도 없는 곳으로 데려간 사람이군요."

"악마 같은 하녀야," 산초가 대답했다. "그 길도 없는 곳으로 끌려간 사람이 바로 나요. 그가 나에게 섬 하나를 약속했고, 나는 아직 기다리고 있지."

"못된 섬들이 너를 질식시켜 버렸으면." 조카딸이 대답했다. "그런데 그 섬들이 뭐요? 먹는 거요, 먹보야?"

"먹는 것이 아니라." 산초가 대답했다. "통치하는 것이에요."

"그러면 가서 당신 집이나 통치해요." 하녀가 말했다. "그리고 섬인지 삼인지는 그만둬요."

Página 19

돈 키호테는 두 여자에게 입을 다물라고 하고 그녀들은 그를 안으로 들어가게 두었다. 산초는 들어갔고 신부와 이발사는 돈 키호테와 작별했다. 그 두 사람은 이달고의 말도 안 되는 생각들 때문에 걱정하고 있었다.

신부가 이발사에게 말했다.

"이제 우리의 시골 귀족이 다시 모험을 찾아 나서는 것을 보게 될 거야."

"틀림없어요." 이발사가 대답했다.

그러는 동안에 돈 키호테는 산초와 함께 방에 틀어박혔다. 단둘이 되자 그에게 말했다.

"말해 보거라, 친구 산초야. 마을에서는 나에 대해 뭐라고 하나?"

"아주 기꺼이 말씀드리지요. 주인님." 산초가 대답했다. "하지만 화내지 않겠다고 저 게 약속하세요."

"결코 화를 내지 않겠다." 돈 키호테가 대답했다. "자유롭게 단도직입적으로 말해 봐라."

"마을 사람들은 나리께서는 미쳤고, 나는 바보라고들 합니다." 산초가 말했다. "하지만 그들이 말하는 모든 것을 알기 원하신다면 그걸 말해 줄 수 있는 누군가를 제가 데리고 오겠습니다. 어젯밤에 산손 카라스코 학사께서 도착했어요."

Página 20

"우리들의 이야기가 '기발한 이달고 돈 키호테 데 라 만차'라는 제목의 책에 쓰여 있다고 제게 말했어요. 또한 저에 대해서는 산초 판사라는 제 이름으로 말하고 있고, 역시 토보소의 둘시네아 부인에 대해서도 말하고 있대요. 그 책은 우리들 둘만 겪은 것들을 말하고 있는데, 그것을 쓴 이야기꾼이 그것들을 어떻게 알았는지 저는 이해가 되지 않아요."

"분명해, 산초야." 돈 키호테가 말했다. "우리 이야기의 저자는 마법을 부리는 현자이다."

"그럴 거예요." 산초가 대꾸했다. "나리께서 원하시면 산손을 데려올게요."

"그거 아주 좋겠구나, 친구야." 돈 키호테가 말했다.

"그럼 제가 그를 데리러 갈게요." 산초가 대답했다.

그래서 그의 주인을 두고, 학사를 찾으러 갔다.

Página 21

제3장

산손 카라스코와의 대화

돈 키호테는 산손 카라스코를 기다리며 생각에 잠겨 있었다. 산초와 학사는 그가 그렇게 있는 것을 발견했다. 돈 키호테는 그를 아주 정중하게 맞이했다.

이름이 '산손'이지만 학사는 몸이 작았다. 그는 장난기가 많고 말이 잘 통하는 사람이었다. 돈 키호테를 보고는 무릎을 꿇고 그에게 말했다.

"위대하신 분이여, 손을 제게 주십시오, 돈 키호테 데 라 만차시여. 나리는 지상에서 가장 유명하신 편력 기사 중의 한 분이십니다."

돈 키호테는 그를 일으키고 말했다.

"그렇다면, 내 이야기가 있다는 것이 사실이요?"

"사실입니다." 산손이 말했다. "현재 나리 이야기만 이천 권 이상이 인쇄되어 있어요."

"말씀하시오, 학사." 돈 키호테가 말했다. "나의 어떤 공적들을 가장 감탄하고 있나요?"

Página 22

학사가 대답했다. "그것에 있어서는, 다양한 의견들이 있지요. 어떤 사람들은 풍차의 모험을 더 좋아합니다. 다른 사람들은 빨래 방망이의 모험을, 또는 가축 떼의 모험을, 또는 죽은 시신의 모험, 또는 갤리선 죄수를 해방시킨 모험, 또는 비스카야 사람과의 싸움 등을 좋아하죠. 모든 것이 다 책 속에 있습니다. 산초가 담요에서 점프하는 것까지요."

"저는 담요에서 점프한 것이 아니라 공중에서 했어요." 산초가 말했다. "그건 그렇고, 사람들이 나도 이야기에서 주요한 닌물 중의 하나라고 하던데요."

"인물이지 닌둘이 아니요." 산손이 말했다. "그대는 이야기에서 두 번째의 인물이죠. 사람들은 당신은 섬을 통치하는 것을 믿을 정도로 아주 순진하다고 하죠."

"아직 가능하오." 돈 키호테가 말했다. "하느님께 그걸 요청해 보시오. 그의 뜻이 아니면 나무에서 이파리 한 장도 움직이지 않는다오."

"이야기에 있는 결점 중의 하나는" 학사가 말했다. "그 저자가 그 이야기에 '당치 않은 호기심을 가진 자'라는 이름의 소설을 넣었다는 거지요. 나빠서가 아니라 돈 키호테의 이야기와는 아무 관계가 없기 때문이죠."

"지금 내가 말하건대 내 이야기의 저자는 말 많은 어느 무식쟁이였군." 돈 키호테가 말했다. "그걸 이해하기 위해서는 설명이 필요할 거야."

Página 23

"그건 아니에요." 산손이 대답했다. "왜냐하면 (이야기가) 아주 분명해서 아이들이 손으로 가지고 놀고, 젊은이들이 그걸 읽으며, 남자들이 그걸 이해하고, 늙은 사람들은 그것을 칭찬할 정도예요."

"그러면 혹시" 돈 키호테가 말했다. "저자는 2부를 약속하고 있나?"

"네, 약속하고 있어요." 산손이 대답했다. "하지만 누가 그것(2부)을 가지고 있는지 찾지를 못했다고 해요. 그러니 나올지 안 나올지는 모르죠."

산초가 말하기를,

"나의 주인님이 나의 충고를 따른다면 이제는 손해를 줄이고, 부당한 것을 바로잡을 수 있을 텐데."

그때 그들은 로시난테의 울음소리를 들었다. 돈 키호테는 좋은 징조라고 생각했고, 며칠 내로 또 다른 출정을 하기로 결심했다. 학사에게 그것을 말하고 그에게 어디로 여행을 시작할지를 물었다. 학사는 그에게 매우 중요한 마상 창 시합이 있으니까 사라고사로 가야 할 것이라고 대답했다. 그들은 8일 내에 출정을 하기로 의견을 모았다. 돈 키호테는 학사에게 부탁하기를 아무에게 아무것도 말하지 말라고 했다. 학사가 자기를 막지 않기를 바랐다. 산손 카라스코는 모든 것을 약속했고, 그는, 자기 입장에서는 돈 키호테에게 모든 모험을 자기에게 다 말해 줬으면 한다고 요구했다. 이후에 서로 작별하고 산초는 여행에 필요한 것을 준비하러 갔다.

Página 24

제4장

산초 판사와 그의 아내 테레사 판사와의 대화

(이 이야기의 역자는 이 장은 거짓이라고 하는데, 왜냐하면 그 속에서 산초 판사가 너무 영리한 말을 하는데 그게 그의 말일 리 없기 때문이다. 그럼에도 불구하고 역자는 작업을 계속 이어가기 위해 번역을 중단하지 않았다.)

산초는 매우 기뻐하며 집에 도착했다. 그의 아내가 그에게 물었다.

"왜 그리 기뻐하며 오나요?

산초가 대답한 것은,

"아내여, 사정이 허락한다면, 나는 기꺼이 그렇게 기쁘지 않은 것을 기뻐할 것이요."

"당신을 이해하지 못하겠어요, 여보." 그녀가 대꾸했다. "바보라도, 난 누가 기쁨이 없다는 것에서 기쁨을 얻는지 모르겠어요."

"이봐요, 테레사, 나는 다시 돈 키호테를 주인님으로 섬기게 되어서 기쁘다오. 그러나 나의 기쁨은 당신을 남겨 두어야 하는 슬픔과 뒤섞이네요."

Página 25

"이봐요, 산초." 테레사가 대답했다. "당신이 편력 기사를 따라 다닌 이후로 당신이 하는 말은 잘 이해를 못하겠어요."

"하느님이 날 이해하는 것으로 충분하오." 산초가 대답했다. "당신에게 말하건대, 아내여, 내가 섬의 통치자가 되지 않으면 지금 난 죽을 거요."

"당신이 어느 나라를 갖게 된다면," 테레사가 말했다. "나와 당신 아이들을 잊지 마세요."

"확실히" 산초가 대답했다. "하느님이 내게 어느 나라를 준다면, 우리 딸을 백작과 결혼시킬 거요."

"그건 안 돼요, 산초" 테레사가 대답했다. "가장 적당한 것은 그녀를 그와 동등한 사람과 결혼시키는 거예요."

"마리 산차를 내가 원하는 사람하고 결혼시키시오." 산초가 대꾸했다. "당신이 뭐라고 해도, 그녀는 백작 부인이 될 거요."

"당신이 무슨 말을 하는지 알기나 해요?" 테레사가 대답했다. "나는 내 딸이 백작 부인이 된다는 것이 그녀가 파멸하는 원인이 될까 두려워요. 맘대로 해요, 하지만 내 동의를 얻을 수는 없어요. 가서 돈 키호테하고 당신들의 모험이나 떠나고, 우리는 우리 나쁜 운명과 함께 내버려 둬요."

"이리 와요, 무지한 사람이여." 산초가 대꾸했다. "왜 내가 원하는 것을 당신은 원하지 않는 거요?"

"왜 그런지 알아요, 여보?" 테레사가 대답했다. "왜냐하면 부자들을 비난하고 저주하는 자는 가난한 자들이었어요."

Página 26

"이봐요, 테레사, 한 설교자가 말한 바에 의하면, 우리가 옷을 잘 입고 하인들을 둔 사람을 보면 그를 존경하게 되죠. 그러니 그렇게 될 거예요."

"난 당신을 이해할 수 없어요, 여보." 테레사가 대꾸했다. "당신 맘대로 해요."

"그렇다면, 찬성한 거요." 산초가 말했다. "우리 딸은 백작 부인이 될 거라는데 말이오."

테레사가 대답했다. "그녀가 백작 부인이 되는 날에는 그녀를 매장하는 날로 난 생각할 거예요. 하지만 난 이미 당신 맘대로 하라고 말했어요. 우리 여자들은 우리 남편들에게 순종하기 위해서 태어나잖아요. 아무리 바보라도 말이에요."

이러면서 울기 시작했고 산초는 그녀를 위로했다. 이렇게 그들의 대화는 끝이 났고 산초는 출정을 준비하기 위하여 돈 키호테를 보러 갔다.

Página 27

제5장

돈 키호테와 산초는 세 번째 출정을 준비하다

산초 판사와 그의 아내가 대화하고 있는 동안, 돈 키호테의 하녀와 조카딸은 걱정하고 있었다. 그들은 주인이 다시 모험을 찾고 싶어 할 것이라 생각했다. 그를 그 생각에서 떼어 놓으려고 했지만 사막에서 설교하는 식(쇠귀에 경 읽기)이었다.

"아저씨," 조카딸이 말했다. "편력 기사에 대해서 말하는 모든 것들은 다 거짓말이에요."

"네가 내 조카가 아니라면" 돈 키호테가 말했다. "네 말은 신성 모독이므로 네가 한 말로 네게 벌을 주었을 것이야."

때마침, 산초가 문을 두드렸다. 조카가 그에게 문을 열어 주었고 돈 키호테는 두 팔 벌려 그를 맞으러 나갔다. 그 후에 방에 틀어박혀서 대화했다.

Página 28

하녀는 산초가 주인과 방에 틀어박혀 있는 것을 보고는, 그들이 무엇을 하려고 하는지 생각해 보았다. 그들이 세 번째 출정을 준비하고 있다고 짐작했다. 그래서 돈 키호테의 생각을 바꾸게 하기 위해서 산손 카라스코를 찾아갔다. 하녀는 학사가 자기 집 뜰에서 산책하고 있는 것을 발견했다. 카라스코가 그렇게 갑자기 찾아온 그녀를 보고서 그녀에게 말했다.

"무슨 일이오, 아주머니?"

"산손 씨, 다름이 아니라, 돈 알론소가 나갑니다."

"어디로 나갑니까, 아주머니?" 산손이 물었다. "신체의 어느 부분이라도 부러졌소?"

"그가 광기의 문을 통해 나갑니다." 그녀가 대답했다. "다시 모험을 찾아 나가고 싶어해요."

산손은 돈 키호테에게 나중에 가서 이야기를 나눠 보겠다고 하며 하녀를 진정시켰다.

돈 키호테와 산초가 방에 틀어박혀 있는 동안에 그들은 다음과 같은 대화를 했다고 이야기는 전한다.

산초가 기사에게 말했다.

"주인님, 이제 저를 데리고 다니는 곳 어디라도 함께 가라고 하니, 제 아내가 번쩍였나 봐요."

Página 29

"'변했다'라고 말해야지, 산초야." 돈 키호테가 말했다. "'번쩍였다'가 아니야. 그랬더니 테레사가 뭐라고 하던?"

"테레사가 말하기를" 산초가 말했다. "제 손가락을 나리와 꼭 묶어 놓으라고 했어요. 아내는 충고를 거의 하지 않지만 그 말을 안 들으면 미친 거죠."

"내 생각도 역시 그렇다." 돈 키호테가 대답했다. "계속 말해 보아라, 친구 산초야."

"나리가 아시다시피" 산초가 대꾸했다. "우리는 모두 죽을 거예요. 그러니 제가 매달 얼마의 급여를 받을지를 말해 주세요."

"이봐라, 산초야." 돈 키호테가 대답했다. "난 편력 기사들이 자기 종자에게 급여를 준다는 건 읽어 본 적이 없다. 단지 내가 아는 건 전혀 기대하지 않았을 때 섬을 상으로 준다는 것이었다. 네가 이러한 기대를 갖고 나를 섬기고자 한다면 잘된 일이다. 그러니 나의 산초야, 집으로 돌아가서 나의 의도를 네 테레사에게 말하거라. 그녀와 네가 동의한다면 좋고, 아니면 예전처럼 친구로 하자. 내게 너보다 더 순종적이고 말이 많지 않은 종자는 많단다."

산초가 자기 주인에게 답할 말을 생각하고 있을 때, 산손이 돈 키호테의 집에 도착해서 그를 껴안았고 그에게 말했다.

"오, 편력 기사의 꽃이여! 길을 나서시지요. 뭔가 부족한 게 있다면 제가 당신의 종자가 되겠습니다."

Página 30

"네게 말하지 않았더냐, 산초야?" 돈 키호테가 말했다. "내게는 종자가 남아돈다고 말이다. 하지만, 산손은 고향에 계시지요. 나는 어떤 종자하고 든지 만족할 것이오. 산초가 나하고 같이 가기를 원하지 않으니 말이오."

"아니에요, 원합니다." 산초가 눈에 눈물이 가득한 채로 대답했다. "저는 제 아내를 만족시켜 주기 위해서 급료에 대해서 말씀드린 거예요. 하지만 남자는 모든 부분에서 남자여야 하죠. 역시 자기 집에서도요. 그러니 더 이상 할 말이 없네요. 길을 나서시지요."

드디어 돈 키호테와 산초는 포옹을 하고 친구가 되었다. 카라스코 학사의 생각과 승낙으로 3일 후에 그곳에서 출발하는 것으로 정리되었다.

하녀와 조카딸은 돈 키호테가 미친 짓을 하도록 용기를 준 것에 대해 학사를 저주했다.

삼 일이 지나서 기사와 종자는 토보소로 가는 길을 떠났다. 아무도 그들을 보지 못하게 해가 질 무렵에 떠났다.

Página 31

제6장

세 번째 출정

"전능하신 알라가 축복을 내리시길." 돈 키호테와 산초의 모험을 다시 시작할 때 하메테 베넹헬리는 말했다. 그들은 토보소를 향해 길을 가고 있었다고 말한다. 아무 일도 벌어지지 않고 하룻밤과 하룻낮이 지났다고 말한다. 드디어 해가 질 무렵, 그들은 큰 마을 토보소를 발견했다. 돈 키호테는 매우 기뻐했지만 산초는 그렇지 않았다. 둘시네아의 집을 알지도 못했고 생전에 그녀를 보지도 못했다. 돈 키호테는 밤에 도시에 들어가라고 명령했다. 기다리고 있는 동안에, 그들은 나무 사이에서 쉬었다.

한밤중에 돈 키호테와 산초는 토보소에 들어갔다. 마을은 고요했다. 주민 모두 깊은 잠에 빠져 있었고 단지 개 짖는 소리만 들렸다.

돈 키호테가 산초에게 말했다.

"산초야, 둘시네아의 궁전으로 안내하거라. 혹시 깨어 있을지 모른다."

Página 32

"어떤 궁전으로요?" 산초가 대답했다. "저는 둘시네아를 아주 작은 집에서 봤어요. 게다가 이 시간에 열린 문을 찾을 수 있을까요? 어느 때나 가서 이름을 부르고 집에 들어가는 내연 관계의 사람들처럼 젊은 여자들의 집으로 갈까요?"

"먼저 궁을 찾아보고 그리고 나서 우리가 할 일을 네게 일러 주마." 돈 키호테가 대꾸했다. "봐라, 산초야, 저기 둘시네아의 궁전임에 틀림없는 커다란 것이 있구나."

"그렇다면 나리가 안내하시지요." 산초가 대답했다.

돈 키호테가 안내했고 큰 것은 교회의 탑이라는 것을 발견했다. 그리고서 말했다.

"우리는 교회를 찾아냈다, 산초야."

"이제 보입니다." 산초가 대답했다. "우리가 우리의 무덤을 발견하지 않도록 하느님께 간청하세요. 이런 시간에 묘지를 걷는 게 좋은 징조는 아니에요. 게다가 이미 그 귀부인의 집은 막다른 길에 있다고 말씀 드렸잖아요."

"어허 빌어먹을, 멍청한 놈아!" 돈 키호테가 말했다. "궁전이 막다른 길에 있는 걸 넌 어디서 보았느냐?"

"귀부인의 집을 어떻게 찾기를 바라시나요?" 산초가 대답했다. "저는 그녀를 단 한 번 봤을 뿐인데요. 나리께서는 그녀를 수천 번을 보았을 텐데 그녀를 찾지 못한다면, 어떻게 제가 그녀를 찾겠어요?"

Página 33

"너는 나를 실망시키는구나, 산초야." 돈 키호테가 말했다. "나는 아름다운 둘시네아를 전혀 본 적이 없고, 오직 듣고서만 사랑에 빠졌다고 내가 수천 번 말하지 않았니?"

"이제서야 그걸 듣는데요." 산초가 대답했다. "그렇다면 나리는 그녀를 본 적이 없고, 저도 역시 그렇고요……."

"그럴 리가 없지." 돈 키호테가 대꾸했다. "적어도 너는 편지를 그녀에게 가지고 갔을 때 한 번은 보았으니까."

"만나고 답장한 것도 역시 듣고서 한 것이에요." 산초가 대답했다.

"산초야, 산초야." 돈 키호테가 대답했다. "농담할 때가 있고 아닐 때가 있지. 내가 내 영혼의 귀부인을 보지도 못했고 말도 못했다고 해서, 너까지 똑같이 말하면 안 된다."

"주인님, 날이 밝아 오네요." 산초가 말했다. "사람들이 우리를 길에서 보면 좋지 않으니까요. 마을에서 나가는 것이 나을 거예요. 낮에 돌아와서 귀부인의 궁전을 찾을게요."

"그게 좋겠다." 돈 키호테가 말했다. "이리 오너라, 네가 귀부인을 찾을 동안 너를 기다릴 장소를 찾아보자."

산초는 자기 주인을 마을에서 끌어내는 것을 매우 초조해했다. 둘시네아의 편지에 대해서 거짓말이 드러나는 것을 그는 원하지 않았다. 그래서 서둘러서 나왔다. 얼마 못 가서 그들은 숲을 찾았고 거기에서 돈 키호테는 산초를 기다리고 있었다.

Página 34

제7장

둘시네아의 마법

이 위대한 이야기의 저자는 다음에 이어질 이야기하게 되었을 때, 차라리 입을 다무는 것이 더 나을 거라고 말했다. 돈 키호테의 미친 짓을 다들 믿지 않을까 봐 두려웠던 것이다. 결국 그는 두려움을 이겨내고, 이야기에 살을 더 붙이지도 빼지도 않으며 그 미친 짓을 썼다.

그렇게 해서, 이야기를 계속하자면, 돈 키호테는 숲속에 들어갔고 산초에게 엘 토보소로 돌아가라고 명령했다고 한다.

"자, 이보게." 돈 키호테가 말했다. "네가 찾게 되는 햇빛 같은 아름다움을 보더라도 당황하지 말거라. 세상의 모든 종자에 비해 너는 얼마나 행복한가!"

산초는 방향을 바꿔 다시 엘 토보소를 향해서 갔다. 그는 혼란스러웠고 생각에 잠겨 있었다. 숲에서 나왔을 때, 머리를 돌렸지만 돈 키호테를 보지 못하였다. 그래서 당나귀에서 내려 혼자 중얼거리기 시작했다.

Página 35

"이제 알아보자, 산초야, 네가 어디에 가는지 말이다. 넌 무엇을 찾으려 하느냐? 공주님이지. 어디로? 엘 토보소의 큰 마을로지. 그러던 그녀를 한 번이라도 본 적이 있니? 나도, 내 주인도 전혀 본 적이 없지. 악마, 악마가 이 일에 나를 밀어 넣었구나! 하지만 모든 것이 해결책은 있지. 주인님은 미친 사람처럼 행동하지. 그를 따라다니고 그에게 봉사하다 보니 나도 그래. '네가 누구하고 다니는 것을 나에게 말해 주면 네가 어떤 사람인지 내가 말해 주마'라는 속담에서 말하는 것처럼 말이야. 그는 미쳤으니 내가 처음으로 마주치는 농사짓는 여인을 둘시네아 귀부인으로 믿게 해야겠다."

산초는 이러한 생각을 하고 안심했다. 주인에게 돌아가는데 오후까지 기다리기로 마음을 먹었다. 그러나 당나귀에 오르려고 했을 때 엘 토보소에서 오는 세 명의 여자 농부를 보았다. 그들을 보자마자 그는 주인 돈 키호테를 찾으러 뛰어갔다. 돈 키호테가 그들을 보고 그에게 말했다.

"무슨 일이냐, 친구 산초야? 좋은 소식이라도 있니?"

"아주 좋은 소식이요." 산초가 대답했다. "엘 토보소의 둘시네아 귀부인이 두 아가씨와 함께 나리를 뵈러 오고 있어요."

"아이고! 네 말이 무슨 소리냐, 산초야?" 돈 키호테가 말했다. "날 속이지 마라. 거짓 기쁨을 가지고 나의 진실한 슬픔을 아름답게 하려고 하지도 말아라."

Página 36

"제가 속여서 무엇을 얻나요?" 산초가 대답했다. "이리 오세요, 그러면 우리의 귀부인이신 공주님이 오는 것을 볼 거예요. 그녀답게 옷을 입고 치장하고 말이에요."

"가자, 산초야." 돈 키호테가 대답했다.

그들은 숲에서 나왔고, 가까이에서 세 명의 촌사람을 발견했다. 돈 키호테는 길 전체를 살펴보았지만 단지 당나귀를 탄 세 명의 여자 농부만을 보았다. 매우 흥분하며 산초에게 어디에 둘시네아와 그의 하녀들이 있는지 물었다. 산초는 그에게 대답했다.

"설마, 나리는 눈이 목덜미에 있나요? 여기로 오는 저 사람들을 보지 못하세요? 대낮의 태양만큼 빛나잖아요."

"내가 보는 것은 단지, 산초야." 돈 키호테가 말했다. "당나귀 세 마리를 타고 있는 여자 농부 세 명뿐이다."

"하느님, 저를 악마에서 해방시켜 주세요! 눈처럼 하얀 세 마리 조랑말이 당나귀처럼 보이시나요? 그런 말씀 마시고, 주인님," 산초가 말했다. "눈을 뜨시고, 마음속의 귀부인에게 인사를 하시지요."

이렇게 말하면서 그 세 명의 촌사람을 맞으러 앞서 나갔다. 당나귀에서 내려서 무릎을 꿇고 말했다.

Página 37

"아름다움의 여왕과 공주시여. 당신의 포로가 된 기사를 기꺼이 받아 주세요. 저는 산초 판사로 그의 종자입니다. 그는 라 만차의 돈 키호테로, 역시 슬픈 몰골의 기사라고도 불립니다."

돈 키호테도 역시 산초와 함께 무릎을 꿇었다. 일그러진 눈으로 산초가 여왕이고 귀부인이라고 부르는 여자를 바라보았다. 그에게는 못생기고 얼굴이 둥근 여자처럼 보였다. 그는 너무 놀라서 입을 벌리지도 못했다. 그 농부들 역시 놀랐다. 그들이 길을 막고 있기에 가짜 둘시네아가 말했다.

"이제 길에서 물러나서 우리를 지나가게 해 주세요. 우리는 바쁩니다."

이에 산초가 대답했다.

"오, 엘 토보소 전체의 공주이자 귀부인이시여! 편력 기사도의 기둥이 무릎을 꿇은 것을 보시고 어찌 마음을 누그러뜨리지 않으시나요?"

그 말을 듣고, 농부 중의 다른 여자가 말했다.

"촌 여자들을 놀리려고 오는 나리님들 보세요! 가던 길을 계속 가시고 우리는 우리 길을 가게 해 주세요."

Página 38

"일어나거라, 산초야." 그때 돈 키호테가 말했다. "행운의 여신은 나의 악행들에도 지치지 않는다. 그리고 너는, 나의 슬픈 마음의 유일한 치료 수단이지. 나를 쫓아다니는 마법의 악마가 내 눈에 구름과 폭포를 갖다 놓았어. 그가 당신의 아름다움과 얼굴을 가난한 여자 농부의 얼굴로 바꾸어 놓았소. 하지만 당신은 나를 사랑스럽게 보는 것을 멈추지 말고 나의 영혼이 당신을 얼마나 겸손하게 사랑하는지를 보시오."

"할아버지, 비키시고 우리를 가게 해 주세요!" 촌 여자가 대답했다.

산초는 물러섰고 그녀들을 가게 했다. 자기 속임수가 성공했기 때문에 그는 매우 만족했다. 돈 키호테는 시선을 계속 그 여자들에게 두었다. 그들이 사라졌을 때 산초에게 돌아와서 말했다.

"산초야, 마법사들이 나한테 원하는 나쁜 것이 네가 보기에는 어떠냐? 그의 악의가 나에게서 귀부인의 제 모습을 보는 기쁨을 빼앗아 갔구나."

"오, 악당 같으니라고!" 산초가 소리쳤다.

"나는 세상에서 가장 불행한 사람이구나." 돈 키호테가 말했다.

산초는 자기 주인의 말을 듣고 웃음을 감추느라 애를 썼다. 그리고 둘시네아의 마법에 대해서 잠깐 이야기를 한 뒤에 그들은 자기들의 동물을 타고 사라고사를 향해 계속 갔다.

Página 39

제8장

죽음의 수레의 모험

돈 키호테는 마법사들의 조롱에 대해 생각에 잠긴 채 가고 있었다. 둘시네아의 마법에 어떤 방법이 있는지 생각나지 않았다. 그때 여러 가지로 이상한 사람들이 있는 수레가 나타났다. 수레를 끄는 사람은 흉악한 악마였다. 역시 죽음도 있었고, 천사, 황제, 큐피드의 신 그리고 서로 다른 옷을 입은 여러 사람들이 있었다. 그들을 보고, 돈 키호테는 불안해졌고 산초는 두려웠지만, 곧 돈 키호테는 기뻐했다. 그는 새롭고 위험한 모험이라고 생각하고 있었다. 수레 앞에 서서 크고 위협적인 소리로 말했다.

"수레꾼인지 아니면 악마인지, 네가 누구인지 내게 말해 보거라. 어디로 가는지, 마차 안에 가는 사람이 누구인지를 말이다."

악마가 대답했다.

Página 40

"주인님, 우리는 앙굴로 엘 말로 극단의 배우들입니다. 우리는 한 마을에서 작품 '죽음의 궁정들'을 공연했어요. 오늘 오후에는 다른 마을에서 하려고 합니다. 그래서 우리들은 아직도 공연 복장을 하고 있어요."

"나는 어느 대단한 모험이 나에게 일어난다고 생각했지." 돈 키호테가 대답했다. "그렇지만 잘못을 깨닫기 위해서 손으로 겉모양을 만져 볼 필요가 있지. 잘 가시오, 좋은 사람들, 그리고 잘하시오."

Página 41

제9장

거울 기사의 모험

밤이 되어 돈 키호테와 종자는 큰 나무들 아래에서 쉬게 되었다. 그 두 사람은 잠이 들었다. 그러나, 잠시 뒤에 어떤 소리가 그들을 깨웠다. 돈 키호테는 일어나서 둘러보고 들어보기 시작했다. 말을 타고 있는 두 사람을 보았다. 그들 중 한 사람이 말에서 내려서 다른 사람에게 말했다.

"내리게, 친구. 이 장소에는 말에게 줄 풀이 많고 조용히 사랑에 관한 생각을 할 수 있겠어."

곧 그 사람은 바닥에 드러누웠고, 가지고 있던 무기에서 소리가 났다. 그래서 돈 키호테는 그가 편력 기사라고 짐작했다. 그리고는 산초에게 다가가서 그를 깨웠다. 낮은 소리로 그에게 말했다.

"형제 산초야, 모험이 생겼구나."

"하느님이 좋은 것으로 주셨으면 좋겠네요." 산초가 대답했다. "그 모험이 어디 있나요?"

Página 42

돈 키호테가 대꾸했다. "어디냐고? 산초야, 저기를 봐라. 한 편력 기사가 드러누워 있는 것을 볼 수 있을 거다."

"하지만, 나리께서 어떻게 아시죠?" 산초가 말했

다. "그것이 모험일지를요."

"말하고 싶지는 않구나." 돈 키호테가 대답했다. "완전한 모험이라고 말이야. 하지만 시작은 맞다. 모험은 이렇게 시작한다. 하지만, 들어 봐라. 류트를 조율하고 있고 무언가를 노래할 것 같구나."

"그럴 것 같네요." 산초가 대답했다. "그리고 사랑에 빠진 기사임에 틀림없어요."

"그렇지 않은 자는 하나도 없지." 돈 키호테가 말했다. "들어 보자."

두 사람은 그 숲속의 기사가 노래하는 소네트를 듣고 아연실색했다. 마음의 가장 깊은 곳에서 나온, 아이! 하는 소리와 함께 그의 노래는 끝이 났다.

잠시 후에, 슬픈 목소리로 말했다.

"오, 세상에서 가장 아름답고 가장 배은망덕한 여인이여! 네가 세상에서 가장 아름답다고 모든 기사들이 고백하게 한 것으로 충분치 않니?"

"그건 아니다." 돈 키호테가 말했다. "나는 결코 그걸 고백하지 않았다. 그러나 계속 들어 보자."

Página 43

그럼에도 불구하고, 숲속의 기사는 어느 사람이 자기 가까이에서 말하는 것을 듣고 입을 다물었다. 일어나서 낭랑한 목소리로 말했다.

"거기 누가 있소? 즐거운 쪽이오, 아니면 슬퍼하는 쪽이오?"

"슬픈 쪽이요." 돈 키호테가 대답했다.

"그렇다면 나에게 오시오." 숲속의 기사가 대답했다.

돈 키호테는 그에게 다가갔다. 그 기사는 돈 키호테의 팔을 잡고 말했다.

"여기에 앉으세요, 기사 양반. 운 좋게 당신은 사랑에 빠졌나요?" 숲의 기사가 물었다.

"운이 나쁘게도 그렇다오." 돈 키호테가 대답했다.

이야기하는 동안에 숲의 기사의 종자가 산초의 팔을 잡고 그에게 말했다.

"우리가 종자로서 말할 수 있는 곳으로 가자. 우리 주인님들이 그들의 사랑 이야기들을 할 수 있도록 해 주자."

"좋은 시간이 되었으면." 산초가 말했다.

Página 44

제10장

숲의 기사의 모험이 계속되다

숲의 기사는 돈 키호테에게 자기의 연인이 누구이며 그녀를 위해서 어떤 일을 했는지를 말해 주었다. 이런 것들 중에 돈 키호테에게 말하기를,

"나는 그 유명한 기사 돈 키호테 데 라 만차를 이긴 것이 자랑스럽소. 그가 나의 카실데아가 자기의 둘시네아보다 더 아름답다고 인정했소."

돈 키호테는 그 숲의 기사가 말하는 것을 듣고 놀랐다. 그에게 차분하게 말했다.

"당신은 스페인의 거의 모든 기사들을 이길 수 있겠지요. 하지만 라 만차의 돈 키호테 데 라 만차는 아니지요."

"어떻게 아니란 말이오?" 숲의 기사가 반론했다. "맹세컨대 나는 돈 키호테와 싸웠고 내가 그를 이겼소."

"여기에 바로 그 돈 키호테가 있소." 슬픈 몰골의 기사가 말했다. "당신의 거짓말로부터 내 자신을 지켜야겠소."

Página 45

이렇게 말하면서 일어나서 칼을 잡았다. 숲의 기사가 대답했다.

"한 번 이긴 사람은 다시 이길 승산이 있지요. 하지만 태양이 우리의 행위를 볼 수 있도록 낮을 기다립시다. 패자는 승자의 뜻을 따라야 할 것이요. 명령하는 것 모두를 해야 할 것이요."

"그런 조건이면 괜찮아 보이는군." 돈 키호테가 대답했다.

그리고는 자기들의 종자가 있는 곳으로 갔다. 그들은 코를 골고 있었다. 그들을 깨우고는 싸움을 위해서 말을 준비하라고 지시했다. 그 두 종자는 동물을 찾으러 갔고, 도중에 숲의 기사의 종자가 산초에게 말했다.

"관습적으로는, 형제여, 우리의 주인이 싸우는 동안에는 우리도 역시 싸우는 것이지."

"그 관습은 편력 기사들의 종자들에게는 아니야." 산초가 대답했다. "나는 우리 주인님이 그런 말을 하는 것을 전혀 들은 적이 없어. 게다가, 나는 칼 없이는 싸울 수가 없어."

"내가 한 가지 방법을 알고 있지." 숲의 기사의 종자가 말했다. "내게 자루 두 개가 있어. 네가 하나를 갖고 내가 다른 하나를 갖고, 자루로 때리면서 싸우는 거야."

"친구여, 나는 싸우지 않겠어." 산초가 대답했다. "우리 주인님들이나 싸우라고 하지."

Página 46

이러는 동안, 낮이 되었다. 산초가 처음 본 것은 다른 종자의 코였다. 그 코는 너무 커서 거의 몸 전체에 그림자를 만들고 있었다. 너무 큰 것이, 사마귀로 가득했고, 시퍼런 색이었다. 코가 얼굴을 너무 추하게 해서 산초는 그를 보고서 떨기 시작했다. 돈 키호테는 결투 상대를 바라보았다. 그는 투구를 쓰고 있었기에 그의 얼굴을 볼 수는 없었다. 하지만 강한 사람이고 키는 아주 크지 않다는 것을 알 수 있었다. 갑옷 위에다가 작은 달 모양의 거울들이 달린 망토를 입고 있었다. 돈 키호테는 그것을 보고 상대방의 힘이 아주 셀 것이 분명하다고 생각했다. 그래서 그에게 말했다.

"기사 양반, 내가 당신 얼굴을 볼 수 있게 앞 차양을 올리시오."

"패자가 되든지 승자가 되든지, 기사 양반." 거울의 기사가 대답했다. "나를 볼 시간이 있을 거요."

그 두 명은 말에 올라타서 결투에 적당한 거리를 잡았다. 돈 키호테가 채 스무 발자국을 떼기도 전에 거울의 기사가 말하는 것을 들었다.

"기억하시오. 기사 양반, 진 사람이 이긴 사람의 뜻을 따르는 거요."

"알고 있소." 돈 키호테가 대답했다.

Página 47

돈 키호테는 그때 종자의 코를 보았고 산초만큼이나 놀랐다. 산초는 주인이 출정하는 것을 보고, 그 코 큰 자와 혼자 남아 있기 싫어서 돈 키호테 뒤를 따라갔다. 그리고 그에게 말했다.

"간청하건대, 주인님, 제가 저 나무 위에 올라가는 것 좀 도와주세요. 거기서 싸움을 더 잘 볼 수 있을 것 같아요."

"산초야" 돈 키호테가 말했다. "내 생각에는 너는 위험에서 피하고자 나무에 올라가고 싶어 하는 것 같구나."

"사실은" 산초가 대답했다. "종자의 코가 무섭거든요. 굳이 그자와 같이 있고 싶지 않다요."

"이리 오너라, 네가 말하는 곳에 올라가게 도와주겠다." 돈 키호테가 말했다.

돈 키호테가 산초를 도와주고 있는 동안에, 그 거울의 기사는 필요한 거리를 두었다. 그는 돈 키호테도 같이 올라가는 것으로 생각하고 말을 돌렸다. 어떤 신호도 기다리지 않고 상대편을 향하여 전속력으로 달려갔다. 돈 키호테가 산초와 바쁜 것을 보고는 길 가운데 멈춰 섰다. 그의 말은 더 이상 움직일 수가 없었기에 그걸 매우 고마워했다.

Página 48

하지만 돈 키호테는 그 상대편이 날아온다고 느끼고는, 로시난테를 여느 때보다도 빨리 달리게 했다. 거울의 기사가 있는 곳에 도착했다. 돈 키호테는 그의 말을 전혀 움직일 수 없었고 아주 강하게 그를 쳐서 그를 바닥으로 떨어뜨렸다. 너무 강하게 떨어져서 그는 움직일 수도 없었다. 마치 죽은 것 같았다.

산초는 주인이 있는 곳으로 달려갔다. 그동안 돈 키호테는 로시난테에서 내려서 그 기사가 죽었는지 보려고 그의 투구를 벗겼다. 그때에 그는 산손 카라스코 학사의 얼굴을 보고 말했다.

"이리 와라 산초야, 이걸 봐라, 넌 보아도 믿지 못할 거다!"

산초가 와서 학사의 얼굴을 보고는 여러 차례 성호를 그었다. 살아 있다는 표시가 없자 산초는 돈 키호테에게 말했다.

"주인님, 그의 입에다 칼을 넣어 보세요. 주인님의 적들인 마법사들 중 어느 하나라도 죽일 수 있지 않을까요?"

"말을 막 하지 말아라." 돈 키호테가 말했다. "적들에 대해서는 더군다나."

그는 칼을 뽑아서 산초의 충고를 따르고 할 때 다른 종자가 다가왔다. 코가 없이 소리를 지르며 오고 있었다.

"돈 키호테 나리, 그분은 당신의 친구, 산손 카라스코 학사인데요. 저는 그의 종자입니다."

Página 50

산초는 그가 큰 코가 없는 것을 보고 그에게 말했다.

"그런데 코는?"

"여기에 있지요."

그는 주머니에서 밀가루 반죽으로 만든 코를 꺼냈다. 산초는 그것을 바라보고 또 보고 하다가 결국 소리쳤다.

"아이구 성모님! 네가 내 이웃, 토메 세시알이니?"

"바로 나야." 그 종자가 대답했다.

그때 거울 기사가 정신이 들었다. 돈 키호테는 그의 얼굴에 칼끝을 겨누고는 그에게 말했다.

"그대는 죽은 몸이오, 기사여, 둘시네아가 그대의 카실데아보다 더 아름답다고 인정하지 않는다면 말이오."

"인정하오." 그 기사가 말했다.

"또한 인정해야 할 것은" 돈 키호테가 덧붙였다. "그대는 돈 키호테 데 라 만차를 이기지 못했다는 것이요. 다른 사람 같아 보였어야 하오. 그대가 산손 카라스코 학사를 닮은 것 같아도 아닌 것처럼 말이오."

"모두 인정하오." 그 기사가 대답했다. "나를 일으켜 주시오. 부탁하오."

Página 51

돈 키호테와 토메 세시알은 그가 일어나는 것을 도와주었다. 산초는 그 종자에게서 눈을 떼지 않았다. 그가 진짜로 토메 세시알인지 알아보기 위해서 그에게 몇 가지를 물어보았다. 하지만 자기가 보고 있는 것을 믿을 수는 없었다. 자기 주인의 말에 의하면, 마법사들이 거울의 기사의 모습을 학사의 모습으로 바꾸어 버렸다는 것이었다. 그러니 그 종자의 모습도 똑같이 했을 수 있었다. 결국 기사와 하인은 속아 넘어갔다. 거울의 기사와 그의 종자는 떠나갔다. 돈 키호테와 산초는 사라고사로 가는 길을 계속 갔다.

그러나 거울의 기사는 진짜르 산손 카라스코였다. 그 학사는 돈 키호테가 더 이상 모험을 찾아다니지 않게 하려고 한 가지 계획을 짰던 것이었다. 그는 돈 키호테가 출정을 그만두게 하려고 결심했다. 그는 편력 기사로서 돈 키호테를 따라가려고 했다. 나중에 싸워서 돈 키호터를 이기려고 했다. 그 후에 그에게 고향으로 돌아가서 2년간 나가지 못하게 하려고 했었다. 그렇게 그의 광기에 대한 치료를 할 수 있었을 것이다. 산손은 무장을 하고, 토메 세시알은 산초가 알아보지 못하게끔 가짜 코를 붙였다. 그리고는 돈 키호테가 가는 여행을 똑

같이 따라갔던 것이다. 드디어 그들은 숲속에서 만났다.

토메 세시알은 모든 것이 실패로 돌아간 것을 보고 학사에게 말했다.

Página 52

"산손 카라스코 주인님, 우리는 벌받아 마땅합니다. 돈 키호테는 미쳤고 우리들은 제정신인데, 그는 멀쩡하게 웃으면서 가고, 우리는 녹초가 되어 울적하고요. 누가 더 미쳤을까요?"

산손이 대답했다.

"이 두 미친 사람 사이에는 차이점이 있다. 의지에 반해서 미친 것은 항상 그렇지만, 자발적으로 그렇다면 그건 언제든지 원할 때는 그만둘 수가 있단다."

"그렇군요." 토메 세시알이 말했다. "나는 당신의 종자가 되어 자발적으로 미치게 되었으니 이제 그 종자를 그만두고 집으로 돌아가고 싶어요."

"그건 자네의 권리이지." 산손이 대답했다. "하지만 나는 돈 키호테를 몽둥이찜질해 주기 까지는 집으로 돌아가지 않을 거다."

이렇게 그들은 한 마을에 도착했고 토메 세시알은 그곳에 산손을 두고 집으로 돌아갔다. 그동안 학사는 복수를 생각하며 있었다. 이야기는 앞으로 그에 대해서 다시 말할 것이다.

Página 53

제11장

녹색 외투의 기사와의 만남

돈 키호테는 매우 만족스러웠다. 세상에서 가장 용감한 편력 기사가 되었다고 생각했다. 길을 계속 가고 있는 동안 돈 키호테와 산초 판사는 자기들이 빠져 있는 마법과 마법사들에 대해서 말했다. 돈 키호테가 이렇게 말했다.

"모든 것이 나를 쫓아다니는 그 악한 마술사들의 작품이지. 그들은 내가 싸움에서 이길 것을 알았고 그래서 그 기사의 얼굴을 내 친구 학사의 얼굴로 바꾸어 놓았어. 이제 알겠지, 산초야! 마법사들에게는 얼굴을 다른 얼굴로 바꾸는 것이 얼마나 쉬운지를. 아름다운 것을 추하게, 추한 것을 아름답게 바꾸는 거란다. 이틀 전에 너는 네 눈으로 둘시네아의 아름다움을 보았고, 나는 한 여자 농사꾼의 추악함을 보았지. 하지만 내가 적에게서 승자가 되었으니 좀 위로가 되는구나."

"하느님이 모든 진실을 아시지요." 산초가 대답했다.

Página 54

산초는 둘시네아가 변화한 속임수를 알고 있었기에, 자기 주인의 공상은 그를 납득시키지 못했다. 하지만 자기의 거짓말을 밝히지 않으려고 아무 말도 하지 않았다.

얼마 걸리지 않아 녹색 외투를 입은 한 사람이 그들을 따라잡았다. 정중하게 그들에게 인사를 하고는 계속 길을 갔다. 그러나 돈 키호테는 그에게 말했다.

"여보시오, 우리와 가는 길이 같으면, 함께 갔으면 좋겠소."

녹색 외투의 그 사람은 말을 세웠고 돈 키호테의 모습에 놀랐다. 그 두 사람은 잠시 동안 서로를 바라보았다. 돈 키호테는 이 여행자가 자기를 주의 깊게 바라보고 있다는 것을 알아챘다. 너무 정중한 나머지 어느 질문을 기다리지도 않고 그에게 말했다.

"분명히 제 모습에 놀라셨죠. 저는 기사인데, 흔히 '사람들이 말하길 모험을 찾아간다고 하는 바로 그들'이죠.

저는 이미 죽은 편력 기사도를 되살리고 싶었어요. 그리고 나의 용감한 무훈은 거의 세상 모든 나라에서 인쇄가 되어 있죠. 제가 돈 키호테 데 라 만차이고, 역시 슬픈 몰골의 기사라고도 합니다."

Página 55

그리고는 돈 키호테는 입을 다물었고 녹색 외투의 기사는 무슨 말을 해야 할지를 몰랐다. 잠시 후 그가 말했다.

"기사님, 제가 원하는 바를 잘 맞히셨습니다. 그렇지만 당신이 누구인지를 알고 나니 이전보다 더 놀랍습니다."

돈 키호테는 그에게 누구인지 말해 달라고 간청했다. 녹색 외투의 기사가 대답했다.

"나는, 슬픈 몰골의 기사님이여, 그냥 이달고입니다. 이름은 돈 디에고 데 미란다이고 부자이지요. 아내와 자식들이 있습니다. 내 취미는 사냥과 낚시이지요."

돈 키호테와 녹색 외투의 기사가 대화하고 있는 동안에 산초는 길에서 벗어나서 목동들에게로 다가갔다. 이러는 동안 돈 키호테는 길에서 왕실의 깃발을 단 마차를 보았다. 그는 새로운 모험으로 생각했다. 소리 질러 산초를 불러 투구를 달라고 했다. 산초는 그의 말을 듣고 목동들을 놔두고 주인이 있던 곳에 도착했다.

Página 56

제12장

사자들의 모험

돈 키호테가 산초에게 소리 질렀을 때, 산초는 목동들에게서 연한 치즈를 사고 있었다고 이야기는 말한다. 서두르느라고 산초는 그 연한 치즈를 어떻게 해야 할지를 모르고 그것을 투구 속에 두었다.

그가 도착하자 돈 키호테가 그에게 말했다.

"투구를 다오. 저기에 모험이 보이니 내 무기가 필요하구나."

녹색 외투의 기사는 사방을 쳐다보았다. 작은 깃발을 단 수레 하나만을 볼 수 있었다. 돈 키호테는 투구를 들어 머리에 썼다. 그때 얼굴 전체로 치즈액이 흘러내리기 시작했다. 돈 키호테는 질겁해서 산초에게 말했다.

"이게 뭐겠느냐, 산초야? 내 뇌가 녹아내리는 것 같구나. 닦을 수 있게 뭣 좀 다오."

산초는 입을 다물고 그에게 천 조각 하나를 주었다. 돈 키호테는 닦고 나서 투구를 벗었다. 연한 치즈를 발견하고 냄새를 맡아 보고 말했다.

Página 57

"빌어먹을! 연한 치즈군, 나쁜 좆자 같으니라구."

산초는 모른 척하며 대답했다.

"연한 치즈라면 저에게 주세요. 제가 그것을 먹을게요. 틀림없이 악마가 그걸 거기다 넣었을 거예요. 저는 감히 투구를 더럽힐 생각도 못 해요."

"뭐 그럴 수도 있겠지." 돈 키호테가 말했다.

그 이달고는 모든 것을 바라보고 있었고 점점 더 놀라게 되었다. 이러던 중에 깃발들의 수레가 도착했다. 돈 키호테는 그 앞에 서서 말했다.

"형제들이여, 어디로 가시오? 수레에는 무엇을 가지고 가고 있소?"

마부가 대답했다.

"수레는 내 것이오. 안에는 사나운 사자 두 마리가 있소. 왕에게 드릴 선물이오."

"그러면, 사자가 크오?" 돈 키호테가 물었다.

"아주 커서," 사자를 돌보는 사람이 대답했다. "그렇게 큰 놈을 난 본 적이 없소. 암놈과 수놈이요. 수놈은 첫 번째 우리에 있고 암놈은 뒤에 있소. 오늘 아무것도 먹지를 못해서 굶주려 있다오. 그러니 우리가 먹을 것을 주어야 하니 멀리 떨어지시오."

돈 키호테가 미소를 지었고, 이어 말했다.

Página 58

"사자 새끼들을 내가? 여보시오, 내리시오. 우리를 열고 그 짐승을 밖으로 나오게 하시오. 내가 그것들에게 돈 키호테 데 라 만차가 누구인지를 가르쳐 주겠소."

산초는 돈 디에고에게 가까이 다가가서 그에게 말했다.

"나리, 우리 주인님 돈 키호테가 이 사자들과 싸우지 않도록 해 주세요. 사자들이 그를 갈기갈기 찢어 놓을 거예요."

"자네의 주인이 그 정도로 미쳤나?" 그 이달고가 대답했다.

"미친 것은 아니고요." 산초가 대답했다. "대담한 거죠."

"내가 그렇지 않도록 하겠네." 시골 귀족이 대꾸했다.

돈 디에고는 돈 키호테에게 다가가서 말했다.

"기사 양반, 편력 기사는 잘 끝날 수 있는 모험을 해야 하오."

"저리 비키시오, 이달고 양반." 돈 키호테가 대답했다. "그냥 각자 제 할 일을 하게 하시오."

사자를 돌보는 사람에게 돌아서서 말했다.

"지금 그 우리를 열지 않는다면, 이 창으로 그대의 마차를 찔러 버리겠소."

산초는 주인의 죽음을 슬퍼했다. 사자들이 그를 죽일 거라고 생각했다. 돈 키호테는 서서 싸우기로 결심을 했다. 로시난테가 사자를 보고 놀라기를 바라지 않았다. 사자를 돌보는 사람은 첫 번째 우리를 열었다. 사자가 입을 벌리고 천천히 하품을 했다.

Página 59

우리 밖으로 머리를 내밀고 사방을 쳐다보았다. 돈 키호테는 그것을 주의 깊게 바라보았다. 그는 사자가 우리에서 뛰어나와서 자기와 싸우기를 원하고 있었다. 하지만 그 너그러운 사자는 한 바퀴 돌아서 우리에 드러누웠다. 그것을 보고 돈 키호테는 사자를 돌보는 사람에게 명하기를 사자를 때려서 밖으로 내보내라고 했다.

"그렇게 안 할 겁니다." 사자를 돌보는 자가 대답했다. "나를 갈기갈기 찢을 거예요. 지금까지 한 것으로 만족하세요. 사자는 문이 열려 있으면 나올 수도 그렇지 않을 수도 있어요. 지금까지 안 나왔다면 하루 종일 안 나올 거예요. 당신의 용기가 대단하다는 건 잘 증명되었어요."

"그건 사실이구나." 돈 키호테가 대답했다. "친구, 문을 닫지."

마차는 제 길을 계속 갔고, 돈 키호테와 산초, 그리고 그 이달고는 그들의 길로 갔다. 오후 두 시에 그들은 돈 디이고의 마을에 도착했다. 돈 키호테는 그를 녹색 외투의 기사라고 불렀다. 돈 키호테는 돈 디에고의 집에서 나흘을 있었다. 그곳에서는 그들을 아주 잘 대우해 주었다. 드디어 사라고사로 계속 가기로 결심을 했다. 그러나 그 이전에 루이데라 늪과 몬테시노 동굴을 방문하려 했다. 그는 동굴에 대해서 말하는 경이로운 것들이 사실인지를 확인하고 싶었다.

Página 60

제13장

몬테시노 동굴의 모험

대화하면서 하루를 보냈고, 밤이 오자 그들은 한 작은 마을에서 묵었다. 그곳에서 돈 키호테는 동굴에서 묶고 내려갈 밧줄들을 샀다. 다음 날 오후에 그들은 몬테시노 동굴에 도착했다. 덜기나무들이 꽉 차서 동굴을 완전히 덮고 있었다. 기사와 종자는 말과 당나귀에서 내렸다. 산초는 밧줄을 가지고 돈 키호테를 세게 묶었다. 다음에 돈 키호테는 무릎을 꿇고 큰 소리로 말했다.

"오, 나의 행위와 움직임의 주인 되시는, 명철하시고 비길 데 없는 둘시네아시여! 제 기도를 들어주시기를 간청합니다. 나는 당신이 나를 도와주시면 시도하지 못하거나 못 끝나는 것은 없다는 것을 세상이 알게 하게끔 이 깊은 곳으로 들어가려고 합니다."

이렇게 말하고는, 동굴로 다가가서 칼을 가지고 입구를 덮고 있는 떨기나무들을 잘랐다. 그러고 나서 동굴로 들어갔고 산초는 축복을 빌어 주고 말했다.

Página 61

"하느님이 당신을 인도하셔서, 이 어둠 속에 묻어 버리는 생명을 자유롭고 안전하게 당신에게 돌려주시길!"

돈 키호테는 줄을 더 풀어 달라고 소리 지르면서 가고 있었다. 줄을 다 풀어 주고서 삼십 분을 기다리고 그를 다시 올리기로 정했다. 산초는 아주 쉽게 줄을 당기기 시작했기에 돈 키호테가 그 안에 남아 있는 것으로 생각했다. 그렇게 생각하고서 그는 아주 슬프게 울고 있었는데 마침내 돈 키호테가 나타났다. 산초는 소리 질렀다.

"주인님, 돌아오시다니, 고맙습니다. 저는 그곳에 계시는 줄 알았어요."

돈 키호테는 대답하지 않았다. 눈을 감고 있었는데 잠이 든 것 같았다. 그를 바닥에 눕히고 줄을 풀었다. 깨지 않아서 정신 차릴 때까지 그를 흔들었다. 돈 키호테는 이쪽저쪽을 바라보았다. 그러고는 놀래서 말했다.

"하느님이 너를 용서해 주시길, 친구여. 너는 내게서 가장 즐거운 삶과 볼 것을 빼앗아갔구나."

그러고 나서 배가 아주 고파서 먹을 것을 달라고 했다. 오후 네 시에, 태양이 구름 사이로 보이지 않자, 돈 키호테는 동굴 속에서 본 것을 말하기 시작했다. 다음과 같이 말하기 시작했다.

Página 62

"몇 미터 깊이에 빈 공간이 있는데, 거기에는 당나귀들의 마차가 들어갈 만하지. 내가 줄에 매달려 피곤해서 그 빈 곳으로 들어가서 잠이 들었지. 내가 잠에서 깼을 때는 나는 아름다운 초원의 한 가운데에 있었어. 가까이에는 화려한 궁전이 있었지. 한 존경할 만한 노인이 거기서 나왔어. 나에게 다가와서 나를 껴안았지. 그리고는 나에게 말했어. '용감한 기사 돈 키호테 데 라 만차여, 오래전부터 당신을 기다리고 있었소.' 다음에 우리는 궁전에 들어갔고, 나를 한 묘로 데리고 갔어. 거기에는 한 기사가 누워 있었지. '내 친구 두란다르테일세. 용감한 기사였지. 메를린 마술사가 나와 또 다른 사람에게 한 것처럼 그에게 마법을 걸었지.' 이어서 크게 외치는 소리와 울부짖는 소리가 들렸어. 나는 고개를 돌려서 상복을 입은 아름다운 처녀들을 보았지. 드디어 눈썹이 진하고 코는 납작하고 입은 크며 치아가 엉망인 한 귀부인이 왔지. 몬테시노스는 나에게 벨레르마 귀부인이라고 말하고, 못생겨 보이는 것은 밤을 잘 못 보내서라고 했어. 그렇지 않았다면 아름다움은 둘시네아 델 토보소와 견줄만 할 거야. 내가 말했지. '돈 몬테시노스씨여, 비교한다는 것은 모두 불쾌한 것이지요. 비길 데 없는 둘시네아는 그 자체이고, 벨레르마 귀부인 역시 마찬가지이지요.'"

Página 63

그때에 산초가 말했다.

"돈 키호테 주인님, 그 짧은 시간에 그 많은 것을 어떻게 보셨는지 저는 모르겠네요."

"내가 내려간 지 얼마가 되었느냐?" 돈 키호테가 물었다.

"한 시간 조금 더 되었어요." 산초가 대답했다.

"그럴 리 없다." 돈 키호테가 다꾸했다. "나는 동굴 속에서 삼 일 밤낮을 있었다."

"사실이겠죠." 산초가 말했다. "나에게 한 시간 같은 것이 그곳에서는 삼일이군요."

"그럴 것이다." 돈 키호테가 대답했다. "하지만 몬테시노스가 나에게 세 명의 여자 농부를 보여 주었다고 하면 넌 뭐라고 하겠느냐? 그녀들을 보자마자 나는 둘시네아 델 토보소와 동행자 두 명을 알아보았다. 나는 몬테시노스에게 그들을 알고 있는지 물어보았다. 모른다고 내게 대답했다. 그리고 말하기를 마법에 걸린 귀부인들일 거라고 했다."

산초 판사가 이 말을 듣고는 미쳐 버리거나 아니면 웃겨 죽겠다고 생각했다. 그는 둘시네아의 마법이라는 것이 거짓말인 것을 알고 있었다. 그래서 자기 주인이 완전히 미쳤다는 것을 알았다. 그래서 그에게 말했다.

Página 64

"어떻게 우리의 귀부인을 알아보았나요? 무어라고 말했고 어떻게 대답했나요?"

"그녀를 알아보기는," 돈 키호테가 대답했다. "그녀의 옷으로지. 토보소에서 우리가 보았을 때와 같은 옷을 입고 있었어. 내가 그녀에게 말을 했는데 내게 대답은 하지 않았지. 돌아서서 급히 가 버렸지. 뒤에 여자 농부 중의 한 명이 울면서 와서 내게 말했지. '둘시네아 델 토보소 귀부인께서 나리의 손에 입맞춤을 합니다. 여섯 레알을 빌리기를 부탁합니다.' 나는 그의 부탁에 놀랐고 그래서 몬테시노스에게 물었지. '마법에 걸린 사람들도 궁핍한 것이 있나요?' 내가 질문한 것에 대해서, '돈 키호테 나리, 궁핍이란 어디에서든지 있지요.' 그래서 나는 그에게 네 레알을 주었고 그녀는 갔지."

"아뿔사!" 산초가 말했다. "마법사들이 나의 주인님의 훌륭한 판단력을 저리도 엉터리의 광기로 바꾸어 놓는다는 것이 가능한 것인가?"

"네가 나를 많이 사랑하니까, 산초야, 그렇게 말하는 것이지." 돈 키호테가 말했다. "어려운 것들은 모두 네겐 불가능해 보이지. 하지만 언젠가는 네게 내가 본 다른 것들을 말해 주겠다. 그때는 내가 네게 말한 것을 믿을 수 있을 것이다."

Página 65

제14장

페드로 선생의 모험

이 대단한 이야기의 역자는 말하기를, 시데 하메테 베넹헬리는 몬테시노스의 동굴의 모험에 도달해서 원본의 여백에다가 다음과 같은 말들을 썼다고 한다.

"나는 앞 장에서 돈 키호테에게 일어난 것들을 믿을 수 없다. 여기까지 일어났던 모든 모험들은 사실 같은 것들이었다. 하지만 이번에는 진짜일 수가 없다. 그렇지만 가장 고상한 기사이자 이달고가 거짓말은 안 할 것이다. 그렇게 짧은 시간에 그런 엉터리 같은 것을 만들어 내지는 않을 것이다. 당신, 독자는 신중하니까 마음대로 판단해 보시오. 비록 기사의 이야기에 잘 맞아 들어가기 때문에 그것을 만들어 냈다고, 그의 관년에 말했다고 하기는 하지만 말이다."

그리고 이어서 계속 말하고 있다.

몬테시노스 동굴에서의 모험을 이야기한 후에, 그들은 말을 타고 날이 저물기 전에 한 주막에 도착했다. 산초는 자기 주인이 예전에 하던 것처럼 성으로 보지 않고 진짜 주막으로 생각한 것을 보고 기뻐했다.

Página 66

나중에 그 주막에 왼쪽 눈을 가린 한 사람이 도착했다. 들어오면서 말했다.

"손님, 잠잘 곳이 있소? 여기 점쟁이 원숭이와 멜리센드라 자유 이동 극단이 왔소."

"페드로 선생님이 여기 왔어요!" 주막집 주인이 말했다. "즐거운 밤이 우리를 기다리고 있어요. 환영합니다, 페드로 선생님. 원숭이와 이동 극단은 어디 있나요? 보이지가 않습니다."

"곧 도착합니다." 페드로 선생이 대답했다.

돈 키호테는 주막집 주인에게 페드로 선생이 누구인지를 물어보았다. 주막집 주인이 그에게 대답했다.

"유명한 인형극 조종자예요. 돈 가이페로스에 의해 풀려난 멜리센드라 이동 극단을 대표하지요. 역시 점쟁이 원숭이를 갖고 있지요."

돈 키호테는 원숭이를 보고 그에게 물었다.

"내게 말해 보시오, 점쟁이 양반. 우리에게 무슨 일이 일어나겠소?"

산초에게 말하여 페드로 선생에게 2레알을 주라고 했다. 그러자 페드로 선생이 말했다.

"선생님, 이 동물은 미래는 알아맞히지 않습니다. 과거와 현재의 일들을 알고 있지요."

"나는 나에게 일어난 일들을 말하는 것으로는 나는 한 푼도 주지 않을 것이요!" 산초가 말했다.

Página 67

"누가 그걸 나보다 더 잘 알겠소? 하지만, 말해 보시오. 내 아내 테레사 판사는 지금 무엇을 하고 있소?"

페드로 선생은 자기 왼쪽 어깨를 두 번 쳤다. 그러자 원숭이가 그에게 뛰어 올라서 귀에 다가갔다. 그리고는 바닥으로 내려왔고 페드로 선생이 말했다.

"오, 놀라우신 돈 키호테 기사여!"

그 인형극 조종자의 말을 듣고서 모두는 매우 놀랐다. 그리고 계속 말했다.

"그리고 당신은, 착한 산초 판사여!, 세상에서 최고의 종자이지. 기뻐하시오. 당신의 부인은 잘 있소."

돈 키호테는 원숭이에게 몬테시노스 동굴에서 일어난 것들이 사실인지를 물어보았다. 페드로 선생은 원숭이에게 손짓을 했다. 그 동물은 그의 왼쪽 어깨에 올라가서, 다시 한번 귀에 가까이 갔다. 그 다음에 페드로 선생이 말했다.

"원숭이가 말하기를, 어떤 것은 가짜이고 어떤 것은 사실이라고 하네요."

"제가 말하지 않던가요?" 산초가 말했다. "동굴에 대해서 말한 것 전부가 사실이라고 믿을 수는 없다고 했잖아요. 반도 못 믿어요."

"세월이 지나면 알게 될 것이다, 산초야." 돈 키호테가 대답했다. "페드로 선생의 이동극을 보자꾸나."

모두는 무대가 있는 곳으로 다가갔고, 한 소년이 말하기 시작했다. 그 내용은 다음 장을 읽는 사람이면 보고, 들을 수 있다.

Página 69

제15장

페드로 선생의 이동극

모두는 이동극을 보려고 조용히 했다. 갑자기 트럼펫과 북소리가 나고 대포 소리가 났다.

소년이 이야기를 풀어 나가기 시작했다. 멜리센드라의 구출과 무어인들의 추적에 대해 말했다.

돈 키호테는 무어인들에 대해 말하는 것을 듣고, 달아나고 있는 자들을 도와야겠다고 생각했다. 그는 일어서서 큰 소리로 말했다.

"어느 누구도 돈 가이페로스 같은 그렇게 유명한 기사를 모욕하는 것을 내가 용납하지 않겠다. 그만 멈추고 그를 쫓지 말아라. 그렇지 않으면 나와 싸워야 할 것이다!"

그는 칼을 꺼내어 인형들에게 휘둘렀다. 페드로 선생이 외쳤다.

"멈추시오, 돈 키호테 양반. 진짜 무어인들이 아니라 단지 반죽으로 만든 인형일 뿐이오."

그러나 돈 키호테는 칼 휘두르기를 멈추지 않았다. 드디어 이동극 모두를 박살내고 말았다. 그리고 나서야 진정이 되었고, 이어 말했다.

Página 70

"모두들 보시오. 세상에서 편력 기사들이 필요한 이유를 말이오. 내 덕분에 돈 가이페로스와 멜리센드라가 무사하오. 편력 기사 만세!"

"영원하라. 그리고 나는 죽겠소!" 페드로 선생이 말했다.

산초 판사는 페드로 선생을 가슴 아파하며 그에게 말했다.

"울지 마시오, 페드로 선생. 내 주인님이 부순 것을 당신에게 다 갚을 것이오."

산초는 페드로 선생에게 부서진 인형을 보상했다. 다음에는 모두가 평안하게 저녁 식사를 했다. 아침에 돈 키호테와 산초는 주막집 주인에게 작별을 고하고 길을 떠났다.

이야기에서, 시데 하메테 베넹헬리는 페드로 선생이 히네스 데 파사몬테 갤리선의 죄수였다고 한다. 그래서 주막집에 들어왔을 때 돈 키호테와 산초를 알아본 것이었다. 돈 키호테가 그를 놓아주었을 때, 그는 아라곤으로 갔고 인형극 조종자가 되었다. 알아보지 못하게끔 눈을 가리고 있었다. 원숭이를 한 마리 사서 그에게 어깨로 올라가게 가르쳤다. 마치 그의 귀에다 말하는 것 같았지만 거짓이었다. 새로운 마을에 들어가기 전에 가장 가까운 곳에서 그 마을에서 무슨 일이 누구에게 일어났는지를 물어보았다. 그리고는 그것을 외우고는 자기의 원숭이가 과거와 현재에 일어나는 모든 것을 알아 맞힌다고 마을 사람들에게 말했던 것이다.

Página 71

제16장

마법에 걸린 배의 모험

며칠 후에, 돈 키호테와 산초는 에브로강에 도착했다. 돈 키호테는 강가에 매여 있는 작은 배 한 척을 보았다. 사방을 살펴보았으나 아무도 볼 수 없었다. 그래서 로시난테에서 내렸고, 산초에게도 그렇게 똑같이 하라고 말했다. 그런 다음 말을 나무에 묶었다. 산초는 그에게 무슨 일이냐고 물었다. 돈 키호테가 그에게 대답했다.

"산초야, 이 배는 나에게 타라고 부르는구나. 나는 위험에 처한 어떤 기사를 도우러 가야 한다."

"알겠어요." 산초가 대답했다. "하지만 이것은 마법에 걸린 배가 아니라고 저는 생각해요. 어떤 어부들의 배일 거예요."

돈 키호테는 배에 올랐고, 산초도 역시 올랐다. 줄을 끊고 조금씩 강가에서 멀어졌다. 산초는 두려워서 떨기 시작했다. 돈 키호테가 화가 나서 그에게 말했다.

Página 72

"무얼 두려워하느냐, 겁쟁이야? 이미 우리는 강가에서 매우 멀리 있다. 곧 바다에 있게 될 것이고, 이미 바다가 아니라면, 이미 칠백 레구아 이상을 나아왔다."

"저는 그거 하나도 안 믿어요." 산초가 대답했다. "제 눈으로 로시난테와 당나귀를 볼 수 있는데요."

그때 그들은 커다란 물레방아 몇 개를 발견했다. 그것들은 강 한가운데 있었다. 돈 키호테가 그것들을 보았을 때 산초가 말했다.

"보이느냐? 저기에, 오 친구야! 네가 구해야 할 사람이 있는 성이 있구나."

"무슨 성 말씀이세요, 주인님?" 산초가 말했다. "밀을 빻는 물레방아인 것 모르세요?"

"입 다물어라, 산초야." 돈 키호테가 말했다. "물레방아인 것 같지, 하지만 그렇지 않다."

그때 배가 물의 흐름으로 인해서 더 빨리 움직이기 시작했다. 제분소의 일꾼들이 나와서 배가 물레방아의 바퀴 쪽으로 가고 있는 것을 보았다. 그들은 배를 멈추기 위해서 긴 작대기를 들었다. 그들은 밀가루를 뒤집어쓰고 있었고 그래서 두려움을 주었다. 그들은 소리쳤다.

"빌어먹을 놈들아! 어디에 가느냐? 빠져 죽거나 이 바퀴에 박살이 나고 싶은 거냐?"

Página 74

"봐라, 산초야." 돈 키호테가 말했다. "어떤 괴물들이 싸움에 나오는지를 말이다. 이제 알게 될 것이다, 몹쓸 놈들!"

그러고는 일어나서 제분소의 일꾼들에 맞서서 허공에 칼을 움직이기 시작했다. 산초는 위험에서 벗어나도록 기도를 하고 있었다. 제분소 일꾼들은 작대기로 배를 정지시켰다. 그럼에도 불구하고 돈 키호테와 산초는 그 충격으로 인해 물로 떨어졌다. 제분소 일꾼들은 그들을 도우러 가서 그들을 물에서 끄집어냈다. 그때에 어부들이 도착했고 그들의 배가 부서진 것을 보았다. 그들은 돈 키호테에게 그걸 보상할 것을 요청했다. 그들에게 대답하기를 성안에 갇혀 있는 사람을 풀어 준다면 지불하겠다고 했다.

"사람은 뭐고 성은 뭐야." 제분소 일꾼 중의 하나가 대답했다. "정신 나간 사람?"

"그 감방에 있는 친구들이여, 용서하시오." 돈 키호테가 말했다. "그대들을 내가 해방시켜 줄 수 없구려."

그 후에 산초가 어부들에게 오십 레알을 지불했다. 기사와 종자는 자기 말에게로 돌아왔다. 이렇게 마법에 걸린 배의 모험은 끝났다.

Página 75

제17장

공작 부부와의 만남

상당히 우울하고 불쾌하게, 돈 키호테와 산초는 자기 동물에게 도착했다. 산초는 그들이 갖고 있는 돈을 낭비하는 것이 무엇보다도 괴로웠다. 결국 그 둘은 아무 말도 없이, 그 유명한 강으로부터 멀어져 갔다.

어느 날, 돈 키호테는 초원에서 몇몇의 사냥꾼들을 보았다. 그들 가운데에서 매를 가진 한 부인이 말을 타고 가고 있었다. 마치 대단한 귀부인 같았다.

그는 산초에게 말했다.

"뛰거라, 산초야, 그리고 저 귀부인에게 나, 사자들의 기사가 그의 손에 입을 맞춘다고 말하거라."

산초는 뛰어가서 그 아름다운 사냥꾼 옆에 도착했다. 무릎을 꿇고 그녀에게 말했다.

"아름다운 귀부인이시여, 사자들의 기사라고 불리는 저 기사 분은 저의 주인입니다. 예전에는 슬픈 몰골의 기사라고 불렸지요. 저는 그의 종자이고 제 이름은 산초 판사입니다. 당신에게 가까이 가기 위한 허락을 받고자 저를 보냈습니다."

Página 76

"바닥에서 일어나시오. 그리고 그대의 주인에게 오라고 하시오." 그 귀부인이 대답했다. "이미 우리는 그가 누구인지 알고 있고, 내 남편과 나는 그를 맞이하게 되어 기쁠 것이오."

산초는 일어났다. 그 착한 귀부인의 아름다움에 놀랐다. 그러나 특히 자기의 주인을 알고 있다는 데 말이다. 산초는 기사에게 돌아와서 그에게 그 대단한 귀부인이 그에게 말한 것을 말해 주었다. 돈 키호테는 공작 부인의 손에 입 맞추러 갔다.

그러는 동안 공작 부인은 남편을 불렀고 그에게 일어난 것을 말해 주었다. 그 두 사람은 돈 키호테의 이야기를 이미 읽었었다. 그들은 그를 놀리면서 재미있게 보내고 싶어 했다. 그들은 기사의 책에서 일어나는 것처럼 그를 편력 기사르 대우하기로 했다.

돈 키호테는 공작 부인과 공작에게 인사를 하고, 모두는 그의 성으로 갔다.

Página 77

제18장

공작 부부와의 체류

성에 도착하기 전에 공작은 하인들에게 돈 키호테를 어떻게 대우해야 할지를 설명해 주려고 앞서 갔다고 이야기는 전한다. 돈 키호테가 공작 부인과 같이 도착했을 때 하인 두 명이 그들을 맞이하러 나왔다. 그들은 돈 키호테를 안아 올리고 그에게 말했다.

"위대하신 분이시여, 우리 공작 부인을 말에서 내리게 하시지요."

돈 키호테는 그렇게 했다. 다음에는 하녀 두 명이 가까이 가서 돈 키호테의 어깨 위에 숄을 걸쳐 주었다. 곧 많은 하인들이 소리 지르며 나왔다.

"환영합니다, 편력 기사들의 정예시여!"

그것이 그 이달고가 진짜 편력 기사라고 믿었던 첫날이었다.

Página 78

돈 키호테는 공작 부부와 저녁을 먹으러 가기 위해서 옷을 갈아입었다. 공작 부부는 그를 맞으러 문으로 나왔다. 신부 한 명이 그들과 함께 있었다. 뒤이어 그들은 식탁에 가서 앉았다. 공작 부인이 돈 키호테에게 둘시네아에 대하여 무엇을 아느냐고 물었다. 그는 대답했다.

"부인이시여, 저의 불행은 결코 끝이 없을 거예요. 그녀는 마법에 걸려 있어서, 지금은 아주 못생긴 농부의 모습을 하고 있습니다."

"잘 모르겠지만" 산초 판사가 말했다. "제가 보기에는 세상에서 가장 아름다운 사람인 것 같아요."

"그녀가 마법에 걸린 것을 보았소, 산초?" 공작이 물었다.

"당연히 그녀를 보았죠!" 산초가 대답했다.

"그대가" 신부가 말했다. "주인이 섬을 약속했던 그 산초 판사요?"

"예, 그렇습니다." 산초가 대답했다. "나의 주인님이 사시면 나도 사는 것이고요, 주인님의 제국이 없지 않을 테니 내가 통치할 섬도 없지 않을 겁니다."

"아니지, 그런데, 이보게 산초." 공작이 말했다. "내가 네게, 내가 갖고 있는 섬 하나의 통치를 약속하지."

"무릎을 꿇거라, 산초야." 돈 키호테가 말했다. "그리고 전하의 발에 입 맞추거라."

Página 79

산초는 그렇게 했다. 그러자 공작은 누가 둘시네아에게 마법을 걸었냐고 돈 키호테에게 물었다.

"누구냐고?" 돈 키호테가 대답했다. "나를 쫓아다니는 어떤 악한 마법사예요."

"하지만" 공작 부인이 말했다. "당신의 책에서는 둘시네아를 한 번도 본적이 없다고 하는데요. 또한 상상의 귀부인이라고요."

"거기에 대해서는 말할 것이 많아요." 돈 키호테가 대답했다. "하느님만이 둘시네아가 세상에 존재하는지 아닌지를 아시겠죠. 아니던 상상의 귀부인인지 아닌지를요. 내가 그녀를 만들어 낸 것이 아니에요. 그녀는 아름답고 정직하고 감사할 줄 알며 고귀한 혈통의 부인입니다."

대화가 끝나고 돈 키호테는 쉬러 갔다. 공작 부인은 산초에게 오후를 자기와 그리고 하녀들과 같이 보내자고 누탁했다.

Página 80

제 19 장

공작 부인과 산초 판사의 대화

산초는 순종하고, 공작 부인과 같이 앉았다. 그때에 공작 부인이 말했다.

"우리들끼리만 있으니 몇 가지 궁금한 것을 해결해주면 좋겠구나. 너는 돈 키호테의 편지를 둘시네아에게 전했다고 어떻게 감히 거짓말을 했니?"

아무 답도 하지 않은 채, 산초는 의자에서 일어났다. 누가 있는지 보려고 그 방의 구석구석을 살펴보았다. 그리고는 다시 앉아서 말했다.

"아무도 우리 말을 듣고 있지 않으니, 제가 말씀드릴 수 있는 것은 우리 주인 돈 키호테가 완전히 미쳤다는 겁니다. 그래서 제가 감히 그를 속이는 겁니다. 게다가 둘시네아의 마법에 대한 것도 역시 거짓말입니다."

공작 부인은 그것을 자기에게 말해 달라고 그에

게 간청했다. 산초는 그녀에게 그들이 토보소에 갔을 때에 일어났던 것 모두를 말해 주었다. 그러자 공작 부인이 말했다.

Página 81

"돈 키호테는 미쳤고, 산초가 그걸 알고 있으면서 그를 따라다닌다면, 그가 그의 주인보다도 더 미쳤고 바보구나. 그러니 나는 네가 섬을 통치할 수 있을 거라고 생각지 않는다."

"부인, 옳습니다." 산초가 말했다. "하지만 저는 그를 사랑하고, 그는 감사할 줄 아는 사람입니다. 그래서 저는 그에게 충실한 것입니다."

공작 부인이 웃으며 말했다.

"산초야, 걱정하지 마라. 내 남편은 약속을 지킬 거고 네게 섬을 줄 거다. 하지만 다시 둘시네아의 마법으로 돌아가 보자. 내가 알기에 둘시네아는 진짜로 마법에 걸려 있다. 너는 네가 속이는 자라고 생각했지만, 네가 속은 자가 되었다.

"틀리지 않습니다." 산초가 말했다. "지금 저는 몬테시노스 동굴의 것은 사실이라고 믿고 싶어요. 모든 것이 필시, 귀부인, 당신께서 말하는 것이 맞을 거예요. 저의 짧은 능력으로는 그렇게 지혜로운 뭔가를 만들어 낼 수 없거든요."

"그렇다." 공작 부인이 말했다. "하지만, 산초야 말해 보거라. 몬테시노스 동굴의 그것이 무엇이냐?"

그때에 산초 판사는 그녀에게 동굴에서 일어난 모든 것을 말해 주었다.

"산초야, 쉬러 가거라." 공작 부인이 대답했다. "나중에 더 이야기하자."

산초는 공작 부인의 손에 입 맞추고 자리를 떴다.

Página 82

제20장

둘시네아의 마법이 풀리다

공작 부부는 돈 키호테와 산초와 함께 있는 것이 매우 좋았다. 하루는 재미로 그들을 놀리기로 작정했다. 하인들에게 준비를 하라고 명하고, 엿새 후에 돈 키호테를 사냥하는 데 데리고 갔다. 숲에 도착해서 사냥을 시작했다. 밤이 될 때까지 사냥을 했다. 그날 밤은 여름 밤처럼 맑거나 평온하지도 않았다. 갑자기 숲이 불타는 것 같았다. 트럼펫과 다른 전쟁에 사용하는 악기의 소리가 들렸다. 모두가 놀랐다. 놀리는 것을 알고 있는 사람들까지도 깜짝 놀랐다.

갑자기 악마가 뿔 나팔을 불면서 나타났다.

"안녕! 우편 배달부 친구," 공작이 말했다. "그대는 누구이고, 어디를 가며, 어떤 사람이 오는가?"

우편 배달부가 대답했다.

Página 83

"나는 악마요. 나는 돈 키호테 데 라 만차를 찾고 있소. 오고 있는 사람들은 둘시네아 델 토보소를 데려오고 있는 마법사들이요. 그들은 돈 키호테에게 어떻게 그녀를 마법에서 풀지를 말해 주러 몬테시노스와 함께 오고 있소."

이렇게 말한 다음에 대답을 기다리지도 않고 가버렸다. 그때 숲으로 많은 빛이 나타나기 시작했다. 또한 무시무시한 소리도 들렸다. 잠시 뒤에 즐거운 음악이 들리고 마차 한 대가 도착하는 것을 보았다. 그 안에는 화려하게 옷을 입은 요정이 왔다. 얼굴을 투명한 천으로 가리고 있었다. 아가씨의 아름다운 얼굴이 느껴졌다. 그녀와 함께 발까지 검은 천으로 옷을 입은 인물이 오고 있었다. 마차가 공작 부부와 돈 키호테 앞에 다다랐을 때 음악이 멈췄다. 검은 천의 인물은 얼굴을 내보였다. 못생겼고 마치 죽음의 모습 같았다. 일어서서 돈 키호테를 향하여 말하기 시작했다.

"나는 메를린이다, 이야기에서는 내 아버지가 악마라고 하는 바로 그자이지.
비길 데 없는 둘시네아 델 토보소가
자신의 처음의 상태를 회복하기 위해서는,
너의 종자, 산초가 곤장 삼천삼백 대를 맞는 것이 필요하다."

Página 84

"내 궁둥이가 마법하고 무슨 상관이 있나요?" 산초가 말했다. "메를린 나리가 둘시네아를 마법에서 풀 수 있는 다른 방법을 찾지 못한다면, 무덤에까지 마법에 걸린 채 갈 거예요."

"내가 너를 잡아서" 돈 키호테가 말했다. "발가벗겨서 나무에 묶어 놓을 거야. 그리고 육천육백 대를 때리겠다."

그 말을 듣고는 메를린이 말했다.

"그렇게 하면 안 되죠. 매질은 자발적으로 받아야 하지 강제적인 게 아니에요."

그때에 요정이 일어나서, 천을 걷고 나서 산초 판사에게 말했다.

"오, 불행한 종자여! 제가 우는 것을 보세요. 오, 불쌍하고 둔한 동물이여! 나의 아름다움을 자유롭게 해 주세요. 나를 위해서 그렇게 하고 싶지 않다면, 옆에 있는 저 불쌍한 기사를 위해서 해 주세요."

"이에 대해 너는 무슨 말을 하겠니, 산초야?" 공작 부인이 물었다.

"저는, 부인이시여!" 산초가 대답했다. "곤장에 대해서는 말도 마세요."

"친구 산초야," 공작이 말했다. "네가 좀 누그러지지 않으면, 약속된 섬을 통치하지 못할 것이다."

"공작님" 산초가 대답했다. "그걸 잘 생각해 보도록 제게 이틀을 주시겠어요?"

Página 85

"당치도 않다." 메를린이 말했다. "지금 여기서 이 일을 해결해야 한다."

"자, 착한 산초야." 공작 부인이 말했다. "네가 돈 키호테로부터 얻어먹은 빵에 상응하는 곤장은 맞겠다고 말하거라."

"모두가 제게 그렇게 말씀하시면," 산초가 대꾸했다. "삼천삼백 대를 맞겠어요. 하지만 이런 조건으로요. 내가 원할 때 맞고, 피가 안 나게요. 기한에 제한을 두지 않되, 제가 가능한 한 빨리 빚을 갚도록 하겠어요. 귀부인 둘시네아 델 토보소가 다시 아름다워질 수 있도록 말이에요."

산초가 이 말을 하자마자 다시 음악 소리가 났다. 돈 키호테는 산초를 껴안고 그에게 수없이 입을 맞추었다. 모두는 매우 만족해했으며 마차는 떠났다. 공작 부부는, 매우 만족한 채로 성으로 돌아가기로 결심했다. 또 다른 조롱거리를 준비하고 싶었다.

Página 86

제21장

과부 돌로리다의 모험

다음 날 그들은 한 정원으로 점심을 먹으러 갔다. 식사 후에 구슬픈 소리와 북소리를 들었다. 모두가 불안해했고, 특히 돈 키호테가 그랬다. 그때 검은 옷을 입은 남자 두 명이 들어왔다. 그들은 큰 북 두 개를 두드리고 있었다. 이 슬픈 연주자들 뒤로 열두 명의 부인들이 들어왔다. 그들의 뒤로는 세치아 백작 부인으로도 불리는 트리팔디 백작 부인 오고 있었는데 세 명의 하녀가 그녀의 치마 세 끝을 잡고 같이 오고 있었다. 그녀는 역시 '과부 돌로리다'라고도 불렸다. 그들은 얼굴을 검은 베일로 가리고 있었다.

돌로리다가 앞으로 나서며 무릎을 꿇고 말했다.

"여러분들, 여러분이 저를 도와주실 것으로 확신합니다. 먼저 여러분께 제 이야기를 말씀드리겠습니다. 제가 모시는 분, 안토노마시아 공주님과 그의 남편 돈 클라비호가 마법에 걸려 있습니다. 말람브루노라는 마법사가 그들을 돌로 바꾸어 놓았지요. 그들 옆에다가 다음과 같이 써 놓았어요. "용감한 라 만차 사람이 나하고 싸울 때까지는 정상적인 형태로 돌아가지 못할 것이다." 또한 모든 부인들에게도 마법을 걸어서 우리들에게 수염이 나게 했어요."

Página 87

부인들은 베일을 올리고 얼굴을 보여 주었다. 모두가 수염이 있었다. 그것을 보고 그곳에 있던 사람들은 아연실색했다.

"내가 해야 할 것이 무엇이오?" 돈 키호테가 물었다.

"말람브루노가 제게 말하기를" 돌로리다가 말했다. "나무로 만든 말을 보낼 거고, 당신들을 우리 나라로 데려가서 그와 싸워야 한다고 했어요."

"그러면 그 말에는 몇 명이 탈 수 있나요? 산초가 물었다.

"두 명이요." 돌로리다가 대답했다. "한 사람은 안장에, 다른 사람은 엉덩이에요."

"말의 이름을 알고 싶어요." 산초가 말했다. "분명히 로시난테 같은 이름은 아닐 거예요."

"이름은 클라빌레뇨라고 해요. 그에게 아주 잘 어울리는 이름이죠." 돌로리다가 말했다. "첫째로 나무로 만들어서이고, 둘째로는 이마에 나무못이 있어서죠."

"이름이 맘에 들어요." 산초가 대꾸했다. "하지만 어떻게 다루나요?"

"나무못을 가지고서." 트리팔디가 대답했다.

Página 88

"이제 그게 보고 싶은데요." 산초가 대답했다. "하지만 그걸 탄다고 생각하는 건 불가능한 것을 바라는 것 같군요. 나는 누구에게 수염을 뽑아서 혼나고 싶지 않아요."

"그대가 없이는" 트리팔디가 대답했다. "우리는 아무것도 안 할 거네."

"종자들이 무슨 상관이 있나요?" 산초가 말했다. "주인님들의 모험하고 말이에요. 다시 말씀 드리지만 주인님은 혼자 가실 수 있고, 나는 여기에 나의 귀부인인 공작 부인과 남아 있을게요."

"착한 산초야" 공작 부인이 말했다. "이 부인들의 수염을 없애기 위해서 너는 그와 같이 가야 한다."

"산초는 내가 말하는 대로 할 겁니다." 돈 키호테가 말했다.

Página 89

제22장

클라빌레뇨의 모험

밤이 되었다. 그러자 정원으로 야만인 네 명이 목마를 가지고 들어왔다. 그들은 클라빌레뇨를 두고는 가 버렸다.

돌로리다는 말을 보고서 돈 키호테에게 말했다.

"용감한 기사님, 말람브루노의 약속은 확실해요. 종자와 함께 말을 타고 눈을 가리세요. 즐거운 여행이 되길 바랍니다."

"그렇게 하겠소, 트리팔디 백작 부인." 돈 키호테가 대답했다.

돈 키호테와 산초는 클라빌레뇨 위에 올라탔다. 종자는 마지못해 올랐다. 다음에 그 두 사람은 눈을 가렸고, 돈 키호테는 나무못을 만졌다. 바로 그때 모두가 소리쳤다.

"하느님이 그대를 인도하시기를, 용감한 기사여!"

"하느님이 너와 같이 하기를, 용기 있는 종자!"

Página 90

"이제 아주 빠른 속도로 공중을 날아갈 거다!"

산초는 외치는 소리들을 들었고 기사를 꽉 잡았

다. 그리고 말했다.

"주인님, 왜 그들은 그렇게 큰 소리로 우리가 간다고 말하죠? 마치 우리 옆에 있는 것처럼 그들의 소리가 들리는데요."

"산초야, 이런 것들은 정상적이 아닌 만큼, 네가 멀리 있다고 해도 볼 수 있고 들을 수 있단다. 날 너무 꽉 잡지 마라. 내가 떨어지겠다. 두려워하지 마라. 모든 게 잘 되고 있고 바람이 밀어 주고 있다."

"정말 그러네요." 산초가 대답했다. "이쪽으로 강하게 바람이 부는 것이 풀무가 천 개쯤 있는 것 같네요."

그런데 그러했었다. 왜냐하면 공작 부부는 모든 것을 생각했고, 풀무들을 가지고 나는 것처럼 보이기 위해서 그들에게 바람을 일으키고 있었다.

그때에 돈 키호테가 말했다.

"틀림없이, 산초야, 곧 우리는 불의 지역에 도착할 것이다."

바로 그때 (공작 부인이) 삼베 조각 몇 개에 불을 붙였다. 그것을 막대기에 매달고 그들의 얼굴로 가까이 가져갔다.

산초는 열기를 느끼고 말했다.

"이제 우리는 불의 장소에 다 왔습니다. 내 수염의 대부분이 타 버렸네요."

Página 91

공작과 공작 부인은 그 두 용감한 자들의 대화를 들으면서 아주 재미있어 했다. 모험을 끝내기 위하여 클레빌레뇨의 꼬리에 삼베 조각을 붙였다. 말은 폭죽으로 가득 차 있어서, 공중으로 날아가 버렸다. 돈 키호테와 산초 판사는 반쯤 그을린 채 바닥으로 떨어졌다. 그때 부인들은 사라졌고, 다른 사람들은 바닥에서 기절해 버렸다.

돈 키호테와 산초는 고통스러워하며 일어났다. 그들은 사방을 살펴보고 경악했다. 정원의 한쪽에는 양피지가 창에 꽂혀 있었다. 거기에는 다음과 같이 쓰여 있었다.

'그 유명한 기사 돈 키호테 데 라 만차는 돌로리다 부인으로도 불리는 트리팔디 백작부인의 모험을 시도한 것으로 끝이 났다.'

그 양피지를 읽고 나서 돈 키호테는 공작 부부가 있는 곳으로 갔다. 공작의 손을 잡고 그에게 말했다.

"좋으신 분이여, 모험은 이제 끝났습니다!"

공작은 조금씩 정신을 차렸으며 다른 사람들도 모두 그러했다. 공작은 글을 읽고 돈 키호테를 껴안았다. 그에게 그가 전혀 보지 못했던 가장 훌륭한 기사라고 말했다. 공작 부인은 산초에게 여행에 대해서 물었다. 산초는 그에게 대답했다.

Página 92

"부인, 우리가 불의 지역을 가고 있을 때 나는 손수건을 풀었어요. 그때에 나는 일곱 마리 산양 새끼들을 보았고 그것들과 놀려고 클라빌레뇨에서 내리기로 작정했어요."

"그러면, 그동안, 착한 산초야" 공작이 물었다. "돈 키호테는 무엇을 하고 있었느냐?"

그러자 돈 키호테가 대답했다.

"나는 우리가 불의 지역을 지나가고 있다고 느꼈소. 하지만 우리는 불에 타지 않그는 플레이아데스 성단이 있는 곳에 도착할 수가 없었소. 그러니 산초가 거짓말을 하는 것이든지 아니면 꿈꾸는 거요."

"나는 거짓말도 하지 않고, 꿈도 꾸지 않아요." 산초가 대답했다.

여행에 대해서는 더 이상 물으려고 하지 않았다. 돈 키호테는 산초에게 다가가서 귀에 대고 말했다.

"산초야, 내가 너를 믿어 주기를 바란다면, 내가 몬테시노스 동굴에서 내가 본 것을 너도 믿어야 할 것이다."

Página 94

제23장

산초에게 주는 돈 키호테의 충고

어느 날 공작은 산초에게 통치자가 될 준비를 하라고 말했다. 그의 섬이 그를 기다리고 있었다.

그때에 돈 키호테가 도착했다. 산초가 자신이 통치할 곳으로 간다는 것을 알고서, 몇 가지 충고를 해 주기 위해서 그를 자기 방으로 데리고 갔다. 방문을 닫고서 침대에 앉아서 그에게 말했다.

"하늘에 감사드린다, 사랑하는 산초야, 네가 얻은 행운에 대해서 말이다. 네가 좋은 통지자가 되기 위해서 내가 네게 충고 몇 가지를 하고 싶구나. 첫째로, 오! 하느님을 경외하거라. 왜냐하면 그분은 현명한 분이시기 때문이다. 둘째로 네 자신을 알아라. 겸손하고, 네 출신 성분을 업신여기지 마라. 부자들의 선물들과 가난한 자의 눈물 속에서 진실을 발견하거라. 네가 이러한 규율을 따른다면, 산초야, 너의 날들은 길고 너의 명성은 영원할 것이다. 이 충고는 영혼을 위한 것이다. 이제는 육체에 관한 것을 들어 보거라.

Página 95

돈 키호테는 계속해서 말했다.

"산초야, 몸을 청결하게 하고 손톱을 자르거라. 옷을 차려 입고 다니거라. 마늘이나 양파는 먹지 말아라. 천천히 걷고 침착하게 말하거라. 점심은 조금만 먹고 저녁은 더 적게 먹어라. 술 마시는 것을 자제하거라. 포도주는 비밀도 없게 하고 약속도 지키지 못하게 한다. 특히 걸신들린 듯 먹지 말고 누구 앞에서도 트림을 하지 말거라.

"주인님" 산초가 대답했다. "말씀하신 것 모두가 훌륭하고 모범적이고 유용한 것이네요. 그러니 그 충고들을 정확하게 따르겠어요. 특히 트림 충고요. 제가 자주 하거든요."

"좋다, 산초야." 돈 키호테가 말했다. "이제는 식사하러 가자. 분명히 공작 부부가 우리를 기다리고 있을 거다."

Página 96

제24장

알티시도라의 모험

그날 오후에 그들은 산초를 그의 섬으로 보냈다. 산초가 가자마자 돈 키호테는 울적해졌다.

저녁 식사 후에 그는 자기 방으로 갔다. 촛불을 껐다. 날씨는 더웠으며 잠을 잘 수 없었다. 침대에서 일어나서 창문을 조금 열었다. 창문을 열자 정원에서 사람들 소리를 들었다. 그 소리에 귀를 기울이다 보니 다음과 같은 것을 들을 수 있었다.

"나에게 노래하라고 하지 마세요, 오 에메렌시아! 성에 이 외지인이 들어오고 내 눈이 그를 본 이후로, 나는 노래도 못 부르고 울고만 있어요."

"친애하는 알티시도라" 그들은 대답했다. "당신 마음의 주인을 제외하고는 모두가 잠자고 있어요. 그가 지금 막 창문을 열었으니 그는 분명 깨어 있을 거예요."

Página 97

그때 하프를 연주하는 소리가 들렸다. 돈 키호테는 공작 부인의 어느 하녀가 자기에게 사랑에 빠져있다고 생각했다. 그래서 음악을 듣기로 결심했다. 듣고 있다는 것을 보여 주기 위해서, 거짓 재채기를 했다. 알티시도라는 돈 키호테에 대한 자기의 사랑을 고백하기 위해서 로망세 하나를 노래했다. 끝날 때, 기사는 큰 한숨을 내쉬며 혼잣말을 했다.

"왜 나는 이렇게 불운한가! 나를 바라보는 모든 여자들은 나에게 반하는구나. 하지만 알티시도라가 울든지 노래하든지 간에, 나는 둘시네아의 것이어야 하지."

그리고는 창문을 닫고 잠자리에 들었다.

Página 98

제25장

산초의 통치

'오, 너는 항상 뜨고서, 질 것 같아도 결코 지지 않는구나! 네게 말한다. 오, 태양아, 그 도움으로 사람이 사람을 낳는구나. 네게 말한다. 나를 도와주고 나를 밝혀다오. 위대한 산초 판사의 통치를 이야기할 수 있도록 말이다. 네가 없이는 나는 혼란스럽구나.'라고 시데 하메테는 이 장의 도입에서 말한다.

산초는 공작이 가지고 있던 가장 좋은 곳 중의 한 곳에 도착했다. 그에게 말하기를, 이름이 바라타리아 섬이라고 했다. 아마도 그것은 그곳이 바라타리오라고 불렸기 때문에, 또는 산초가 아주 거저 통치를 하게 되었기 때문일 수도 있다. 마을 입구에 도착할 때 종들이 울리고 주민 모두가 아주 기쁘게 그를 본당 교회로 데리고 갔다. 그런 다음 우스꽝스런 의식을 통해 그에게 마을의 열쇠를 건네주었다. 그리고 그를 바라타리아 섬의 영원한 통치자로 받아들였다. 이후에는 그를 법원으로 데리고 가서 그를 판사의 자리에 앉게 했다.

Página 99

즉시 통치자 앞에 노인 두 명이 나타났다. 한 사람은 지팡이를 들고 있었다. 다른 사람이 말했다.

"저, 열흘 전에 제가 이 사람에게 금화 열 에스쿠도를 빌려주었어요. 그에게 여러 번 그걸 달라고 했지요. 하지만 그는 그걸 빌리지 않았다고 하네요. 또한 말하기를, 내가 그에게 그걸 빌려주었다면, 벌써 나에게 그것을 돌려주었다고 하네요. 난 증인도 없어요. 그래서 귀하 앞에서 그가 내게 그걸 돌려주었을 거라고 맹세하길 바라오. 그러면 제가 그를 용서하겠어요."

"무어라고 말하겠소, 지팡이를 든 선한 양반?" 산초가 말했다.

그 노인이 말했다.

"저는 그가 원하는 걸 맹세하겠어요."

그리고 이렇게 말하면서 다른 노인에게 맹세하는 동안 잡고 있으라고 지팡이를 주었다. 그러고는 빌린 것은 사실이며, 자기 손으로 그걸 그에게 돌려주었다는 것도 사실이라고 맹세했다.

산초는 다른 사람에게 그 맹세에 뭐라고 답하겠냐고 물었다. 그는 돈을 돌려받은 것을 잊었었고 그를 용서하겠다고 말했다.

그 노인은 자기 지팡이를 들고 법원을 나섰다. 산초는 깊은 생각에 빠졌다. 곧 지팡이의 노인을 부르라고 했다.

그를 데리고 왔고 산초는 그에게 말했다.

"선한 양반, 내게 그 지팡이를 줘 보시오."

"여기 있습니다." 그 노인이 대답했다.

Página 100

산초는 그것을 들고 다른 노인에게 주었고 그에게 말했다.

"평안히 가시오, 당신은 이제 받았소."

"제가요?" 그 노인이 대답했다. "이 지팡이가 금화 열 에스꾸도가 나가나요?"

"그렇소." 산초가 말했다.

그는 그 지팡이를 부수라고 명했고 그 안에서 금화 열 에스꾸도를 발견했다. 모두들 탄복해하며, 그들의 통치자가 새로운 솔로몬이라고 생각했다.

재판이 끝났을 때 법정에 한 여자와 남자가 들어왔다. 그 여자가 소리 질렀다.

"정의, 통치자님, 정의요! 이 나쁜 남자가 제 몸을 탐했어요."

산초는 그 남자에게 무슨 일이냐고 물었다. 그 남자는 당황해하며 대답했다.

"저는 가난한 목장 주인입니다. 저는 돼지 몇 마리를 팔러 왔습니다. 집으로 돌아가고 있는데 이 여자를 만났습니다. 같이 잠을 잤고 그녀에게 충분히 돈을 지불했습니다. 그러나 그녀는 만족하지 못하고 나를 여기까지 데리고 왔습니다. 제가 그녀를 범했다고 하는데 맹세컨대 그건 거짓말입니다."

그때에 통치자가 그에게 돈을 가지고 왔는지 물었다. 그 딱한 목장 주인은 가죽 돈지갑에 스무 에스꾸도가 있다고 말했다. 산초는 그것을 그녀에게 주라고 명했다. 그녀는 그것을 가지고 법정을 나갔다.

Página 101

그녀가 나가자마자, 산초는 목장 주인에게 말했다.

"착한 사람아, 그녀의 뒤를 따라가서 그 돈지갑을 뺏어라."

그 남자는 그녀를 찾으러 뛰어 갔다. 잠시 후에 두 사람이 돌아왔다. 그 남자는 그녀에게서 돈지갑을 뺏으려 다투고 있었으나 불가능했다.

그 여자가 소리쳤다.

"신과 세상의 정의여! 통치자님, 이 나쁜 자가 제게서 돈지갑을 뺏으려고 해요."

"그래서 네게서 그걸 빼앗아 갔느냐?" 통치자가 물었다.

"제게서 빼앗아 가요?" 그 여자가 대답했다. "차라리 내가 죽지요."

그때에 통치자가 그녀에게 말했다.

"그 돈지갑을 보여 주어라, 정직하고 용기 있는 여자여."

그녀는 그것을 그에게 주었고 통치자는 그것을 그 남자에게 돌려주었다. 그리고 나서 그 여자에게 말했다.

"자매여, 네가 네 몸을 지키기 위하여 똑같은 용기를 사용하다면 아무도 너를 범하지 못할 것이다. 평안히 가고 이 섬에서 나가거라. 아니면 곤장 이백 대의 벌을 주겠다."

그 남자는 그에게 감사했고 떠나갔다. 모두는 다시 한번 새 통치자의 판단과 판결에 탄복했다.

Página 102

제26장

고양이의 모험

아침이 오자 돈 키호테는 일어나서 옷을 입었다.

알티시도라와 다른 하녀는 그를 복도에서 기다리고 있었다. 돈 키호테가 지나갈 때 알티시도라는 기절하는 척했다.

돈 키호테가 그것을 보고, 그들에게 말했다.

"나는 그가 아픈 원인을 알고 있지."

"전 모르겠어요." 여자 친구가 대답했다. "알티시도라는 이 집에서 가장 건강한 여자예요. 가세요, 돈 키호테 나리. 여기에 계신다면 정신 차리지 못할 거예요."

그때에 돈 키호테가 대답했다.

"오늘 밤 내 방에 류트를 하나 갖다 놓아라. 내가 그녀를 위로하겠다."

뒤에 두 여자는 공작 부인에게 모든 것을 말하러 갔다. 공작 부부는 그날 밤에 그를 다시 놀리기로 작정했다.

Página 103

열 한시에 돈 키호테는 자기 방에서 비우엘라를 찾아냈다. 창문을 열고 정원에 사람이 있는 소리를 들었다. 걸걸한 목소리로 로망세를 한 곡 불렀다. 갑자기, 방울을 잔뜩 단 밧줄과 고양이가 있는 자루가 내려왔다. 돈 키호테는 놀랐다. 고양이 두세 마리가 창문으로 들어왔다. 그것들은 방에서 이리저리 다녔다. 마치 악마들의 무리가 방을 걸어 다니는 것 같았다. 고양이는 촛불을 끄고 도망갈 곳을 찾고 있었다.

돈 키호테는 칼을 뽑아 들고 소리 지르기 시작했다.

"나가라, 나쁜 마법사들아. 나는 돈 키호테 데 라 만차다!"

그러고는 고양이들에게 칼을 휘두르기 시작했다. 고양이들은 창문으로 도망갔다. 하지만 한 마리가 칼질에 쫓기다가 돈 키호테의 얼굴로 뛰어올랐다. 발톱과 이빨로 돈 키호테의 코를 덮쳤다. 돈 키호테는 고통으로 소리 지르기 시작했다. 큰 소리를 듣고서 공작 부부는 재빨리 방으로 갔다. 그리고 그 딱한 기사가 얼굴에서 고양이를 떼어 내려고 하는 것을 보았다. 공작이 돈 키호테를 도와주러 갔으나 기사는 말했다.

"어느 누구도 내게서 이놈을 떼어 내지 마시오. 제가 이놈에게 돈 키호테 데 라 만차가 누구인지를 보여 주겠소."

Página 104

그러나 고양이는 계속 코를 누르고 있었다. 결국 공작이 그들을 떼어 놓았고 고양이를 창밖으로 쫓아 버렸다.

돈 키호테는 상처를 입었고 마법사와의 싸움을 끝내지 못했으므로 마음이 아팠다. 알티시도라는 그의 상처를 치료해 주었다. 치료가 끝나고 돈 키호테는 깊은 한숨을 내쉬고는 침대에 드러누웠다. 공작 부부는 그를 쉬도록 내버려 두었다. 그들도 놀리는 것이 제대로 되지 않아서 씁쓸해했다.

Página 105

제27장

바라타리아 섬에서의 산초

산초 판사를 법정에서 화려한 궁전으로 데리고 갔다고 이야기는 전한다. 큰 방에는 식탁이 하나 놓여 있었다. 산초가 들어갔을 때 피리 소리가 울렸고, 신하들이 그를 맞으러 나왔다. 산초는 식탁 상석에 앉았고 한 사람이 그의 옆에 있었다. 후에 그는 그가 의사라는 것을 알았다. 덮개를 치우자 많은 음식들이 나타났다. 그에게 과일 한 접시를 주었다. 하지만 조금 먹자마자 의사는 그에게서 접시를 빼앗았다. 이어서 다른 접시가 도착했다. 산초가 맛을 보려고 했을 때 의사는 그것을 빼앗았다. 산초는 놀랐다. 그는 그 음식을 어떻게 먹어야 하냐고 물었다. 의사가 대답했다.

"통치자님, 다른 섬에서의 풍습처럼 먹어야 합니다. 저는 의사로서 당신의 건강을 돌봅니다. 저는 당신을 위하여 가장 좋은 것을 먹게 해야 합니다."

산초는 의사를 바라보고, 그에게 이름이 무엇이고 어디에서 공부를 했는지 물어보았다.

Página 106

의사가 대답했다.

"제 이름은 페드로 레시오이며, 티르테아푸에라에서 태어났고, 오수나 대학교에서 공부했습니다."

그러자 산초는 매우 화가 나서 대답했다.

"의사 양반, 내 앞에서 사라지시오. 내게 먹을 것을 주든가, 아니면 통치자 자리를 가지시오. 주인에게 먹을 것을 주지 않는 직무는 아무 쓸모가 없소."

바로 그때 나팔 소리가 울렸다. 한 하인이 말했다.

"공작님에게서 편지가 옵니다."

산초에게 편지 한 장을 주었고 산초는 하인에게 그것을 읽으라고 했다.

'산초 판사시여:
내가 듣기에 우리의 적이 섬을 공격하려고 한답니다. 그들이 불시에 기습하지 않도록 경계해야 할 것입니다.
그대의 친구
공작'

산초는 놀랐고 그와 함께 있던 사람들 모두 역시 놀랐다.

Página 107

제28장

도냐 로드리게스의 모험

돈 키호테는 매우 슬프고도 우울했다. 외출도 못하고 엿새를 있었다. 어느 날 밤, 누가 자기 방문을 여는 것을 알아챘다. 알티시도라일 거라고 생각했다.

"안 된다." 말했다. "이 세상 최고의 아름다움도 내 마음에서 둘시네아를 지우지 못할 거다."

그때에 문이 열렸다. 그는 침대 커버로 몸을 감싼 채 침대 위에 서 있었다. 눈을 문에 고정시키고 바라보니, 알티시도라는 아니었다. 발끝부터 머리까지 흰옷을 입은 한 과부 시녀였다. 손에는 촛불을 들고 있었다. 돈 키호테는 그녀를 바라보며 마녀라고 생각했다. 자기에게 뭔가 나쁜 짓을 하러 왔다고 생각하고 십자를 긋기 시작했다. 그 과부 시녀는 돈 키호테를 보고, 그녀 역시 놀라서 소리쳤다.

"어머나! 내가 뭘 보고 있는 거지?"

Página 108

놀란 나머지 그녀에게서 촛불이 떨어졌고 깜깜해졌다. 돌아가려고 했지만 발이 걸려 바닥에 넘어지고 말았다.

돈 키호테는 겁을 내며 말하기 시작했다.

"유령아, 네가 누구고, 원하는 게 뭔지 말하거라."

그 과부 시녀는 작은 소리로 그에게 대답했다.

"돈 키호테 양반, 저는 유령이 아니에요. 저는 도냐 로드리게스예요. 저는 도움이 필요합니다."

"말하시오, 도냐 로드리게스." 돈 키호테가 말했다. "당신 말을 듣고 당신을 돕겠소."

"나리, 잠깐 기다리세요." 그 과부 시녀가 대답했다. "촛불을 붙이러 나갔다가 바로 돌아와서 저의 불행을 말씀드리겠어요."

도냐 로드리게스는 방에서 나갔고 돌아와서 말하기 시작했다.

"저는 아주 예쁜 딸이 하나 있어요. 한 부자 농부의 아들이 그 아이를 좋아하게 되었지요. 그는 그녀에게 남편이 될 것을 약속하고 그녀와 동침을 했지요. 지금 그는 약속을 지키려고 하지 않아요. 공작님은 그것을 알고 있는데, 제 말을 귀담아듣지 않아요. 그래서 나리께서 간청으로든 무력으로든 이 부정을 바로잡아 주시기를 바랍니다."

갑자기 큰 충격과 함께 방문이 열렸다. 겁이 나서 도냐 로드리게스는 촛불을 떨어드렸고 모두가 깜깜해졌다. 다음에 그녀는 누군가가 두 손으로 자기 목을 조르는 것을 느꼈고, 다른 사람이 치마를 걷어 올렸고, 그녀에게 매질을 했다. 돈 키호테는 움직이지 않고 있었다.

Página 109

자기에게도 매질을 할까 봐 떨고 있었다. 그렇게 되었다. 그 집행자들은 그 부인을 놔두고는, 그를 세게 꼬집었다. 싸움은 거의 반 시간 동안 지속되었다. 이후에 유령들은 가 버렸다. 도냐 로드리게스는 치마를 집어 들고 돈 키호테에게 인사도 없이 돌아갔다. 돈 키호테는 괴로워하며 혼란스러운 채로 혼자 남았다. 그렇게 만든 못된 마법사가 누구인지 상상할 수도 없었다.

시데 하메테는 말하기를, 도냐 로드리게스는 돈 키호테를 방문하러 갔는데 다른 과부 시녀가 그녀의 뒤를 따라갔다고 한다. 왜냐면 모든 과부 시녀들이 다 남의 말을 하기 좋아한다는 것은 일반적인 습관이기 때문이다. 도냐 로드리게스가 돈 키호테의 방에 들어가는 것을 보고서는, 그것을 공작 부인에게 말하러 뛰어간 것이다.

공작 부인이 공작에게 그것을 말하고, 그에게 도냐 로드리게스가 돈 키호테에게 바라는 것을 알아보기 위해 알티시도라와 같이 가게 해 달라고 요청했다. 공작은 허락했고, 그들은 조용히 문 밖에서 그들이 말하는 것을 다 들었다. 그 후에 공작 부인은 그 과부 시녀를 불손하다고 벌주기로 작정했다. 방으로 들어가서 돈 키호테와 그 과부 시녀를 앞에서 말한 것처럼 대려 주었다.

Página 110

제29장

도냐 로드리게스의 모험이 계속되다

돈 키호테는 상처가 낫자, 이제는 성을 떠나기로 결심했다. 편력 기사로서의 소임을 계속해야 했다. 하루는 공작 부부에게 자신이 떠날 것을 허락해 달라는 요청을 하기로 작정했다. 하지만 검은 옷을 입은 두 여인이 그를 막았다. 한 명은 그의 발 앞에 드러누워 울기 시작했다. 공작 부부는 하녀들이 조롱을 하는 것이라고 생각했다. 돈 키호테는 그 여자를 바닥에서 일으켰다. 도냐 로드리게스와 그의 딸이었다. 그녀는 사람들을 향해서 그들에게 말했다.

"여러분들, 제가 잠깐 이 기사님과 말을 해도 되겠습니까?"

공작은 그녀에게 그러라고 했다. 그러자 그녀가 돈 키호테에게 말했다.

"그런데 며칠 전에 제가 당신에게 문제 하나를 말씀드렸고, 당신은 저를 도와주겠다고 약속했어요. 지금 당신이 이 성을 떠나가려고 하네요. 하지만 가시기 전에 이 천한 것을 마주해 주세요. 당신은 약속을 지켜야 하고 따라서 제 딸과 결혼해야 합니다."

Página 111

돈 키호테는 아주 진지하게 대답했다.

"선한 여인이여, 울지 마시오. 내가 그대의 딸을 해결해 주겠소. 공작님의 허락이 있으면 내가 청년을 찾아보겠소. 그에게 결투를 신청해서, 약속을 지키지 않으면 그를 죽이겠소."

"그를 찾을 필요는 없겠소." 공작이 대답했다.

"내가 그에게 결투에 대해 말하고 결투장을 준비하겠소."

결투가 어떻게 될지를 정한 다음에 두 여자는 돌아갔다. 공작 부인은 그들의 불손함으로 인해 그 두 여자에게 벌을 내렸다.

Página 112

제30장

산초 판사 통치의 결말

산초는 통치 일곱째 날에 자고 있었다. 갑자기 큰 종소리와 그함 소리들이 들렸다. 마치 섬이 무너지는 것 같았다. 침대에 앉아서 주의 깊게 들어보았다. 나팔과 북소리도 나고 있었다. 산초는 매우 놀랐다. 일어나서 방을 나왔다. 그때에 많은 사람들이 칼을 들고 소리치며 나타났다.

"비상입니다, 통치자님, 비상이요! 섬에 수많은 적들이 들어왔습니다. 당신의 용기와 재능이 없이는 우리는 패배한 것이나 다름 없어요."

그들은 그에게 커다란 방패 두 개를 붙였다. 하나는 앞에다, 하나는 뒤에다 붙였다. 그리고는 그것을 묶었고, 산초는 마치 샌드위치 같은 모양이 되어 버렸다. 움직일 수도 없었고 무릎을 꿇을 수도 없었다. 그이게 창 하나를 손에 쥐어 주고 그에게 걸어가라고 말했다.

Página 113

"내가 지금 어떻게 걸어가겠나?" 산초가 대답했다. "움직일 수드 없는데 말이야."

"걸으세요, 통치자님." 다른 자가 말했다. "두려움이 못 걷게 하는 거예요. 방패 때문이 아니에요."

결국, 불쌍한 통치자는 움직이려고 했지만 바닥에 넘어졌다. 충격이 너무 커서 그는 몸이 산산조각이 났다고 생각했다. 다른 사람들은 횃불을 껐다. 산초 위로 지나가며 방패를 칼로 치고 갔다. 산초는 땀을 흘리며 하느님께 이 위험에서 구해 달라고 빌었다. 하늘이 그의 간청을 들었는지 그는 갑자기 소리를 들었다.

"승리예요, 승리! 적들이 물러갑니다! 자, 통치자님, 일어나세요! 승리를 즐기세요!"

"나를 일으켜 다오." 고통스러워하는 산초가 말했다.

그들은 그가 일어나는 것을 도와주었다. 그는 시간을 물었고 그들은 이미 해가 뜨고 있다고 말했다. 묵묵히 옷을 입기 시작했다. 사람들은 왜 그가 그리 빨리 옷을 입는지 알지 못한 채 그를 바라보고 있었다. 옷 입기를 마치고 마구간으로 갔다. 당나귀에 다가가서 그것을 껴안고서 눈에는 눈물이 가득한 채 말했다.

"이리 오너라, 동반자 친구야. 너를 내버려 둔 이후에 나는 수많은 불행과 고생, 더 많은 걱정 근심을 겪었다."

Página 114

당나귀를 채비하고, 아주 괴로워하며 그 위에 올랐다. 그리고 그곳에 있는 모든 사람들에게 말했다.

"길을 비키시오, 여러분. 나를 예전의 자유로운 몸으로 돌아가게 해 주시오. 나는 통치자가 되기 위해서 태어나지 않았으며 섬을 지키기 위해서도 아니오. 공작님께 나는 벌거벗은 채 태어나서 벌거벗은 채 돌아간다고 말해 주시오. 난 잃은 것도 얻은 것도 없소."

한 하인이 말했다.

"통치자님, 나리를 잃게 되어 마음 아프네요. 당신의 재능과 선함이 당신을 좋아하게 하는군요."

모두가 그를 껴안았고 그와 작별했다.

Página 115

제31장

산초가 큰 구덩이에 빠지다

산초는 그날 공작의 성에 도착할 수 없었다. 밤이 되었고, 아침을 기다리기 위해서 길에서 벗어났다. 쉴 수 있는 자리를 찾다가 그와 당나귀는 큰 구덩이에 빠졌다. 다친 데가 없는지 보려고 몸을 만져 보았다. 몸이 괜찮아서 하느님께 감사드렸다. 그리고 빠져나가기 위해서 그 구덩이의 벽도 만져 보았다. 하지만 나갈 수 있는 방법을 찾을 수가 없었다. 산초는 아파서 호소하는 당나귀와 자신의 상태를 몹시 한탄하고 있었다.

"아이!" 그때 산초 판사가 말했다. "이 세상은 매 순간 살아갈 때마다 무슨 일이 이렇게 많이 일어나는지! 어제는 섬을 통치하던 자가 오늘은 구덩이에 묻혀 있을 거라고 누가 생각하겠나? 여기서 나하고 당나귀는 굶어 죽겠구나. 나도 참 불행하지. 나의 광기와 공상력은 어디서 끝났는지! 오! 나의 동반자 친구야, 너는 그렇게 훌륭히 일을 하는데, 나는 네게 너무 나쁘게만 하는구나! 나를 용서해라. 그리고 우리를 여기서 꺼내 달라고 행운에게 빌거라."

Página 116

밤새 한탄을 하며 보낸 후에 드디어 날이 밝았다. 당나귀는 벌렁 누워 있어서 산초는 그것을 일으켜 세웠다. 자루에서 빵 한 조각을 꺼내서 당나귀에게 주면서 말했다.

"빵이 있으면 고통이 좀 줄어들지."

그리고 산초는 나가는 것은 불가능하다는 것을 알았다. 누가 좀 들으라고 소리지르기 시작했다.

시데 하메테 베넹헬리는 산초를 여기에 두고 돈 키호테로 돌아간다. 돈 키호테는 도냐 로드리게스의 딸의 정절을 훔쳐간 자와의 싸움을 기쁘게 기다리고 있었다. 그날 아침에 싸움을 연습하러 나왔다. 로시난테를 타고 동굴에 까지 도착했다. 말에서 내리지 않은 채 그 구덩이를 바라보았고 그 안에서 큰소리가 나는 것을 들었다.

"내 말을 듣고 있는 기독교인 있어요?

산초의 목소리 같았다. 매우 놀라서, 말했다.

"거기 아래 누구요? 누가 탄식을 하고 있소?

"나는 산초 판사로, 바라타리아 섬의 통치자이며, 돈 키호테 데 라 만차 기사의 종자입니다."

돈 키호테는 더욱더 놀랐다. 산초는 죽었고 그의 혼이 말하고 있다고 그는 생각했다.

"네가 누구인지 말하거라." 돈 키호테가 말했다. "네가 고통받고 있는 영혼이면, 내가 너를 위하여 무엇을 뭘 해 주기를 바라는지 말해 보아라."

Página 118

"틀림없이" 대답했다. "나리께서 나의 주인님 돈 키호테 데 라 만차시군요."

"내가 돈 키호테다." 기사가 대꾸했다. "그러니 네가 누구인지 말하거라."

"맹세컨대, 돈 키호테 주인님, 제가 나리의 종자 산초 판사예요." 대답했다. "저는 죽지 않았어요. 통치를 그만두고 이 구덩이에 당나귀와 함께 빠졌어요."

"기다려라." 돈 키호테가 말했다. "내가 공작의 성으로 갈 것이고 너를 여기서 꺼내러 올 것이다."

"빨리 갔다 돌아오세요." 산초가 말했다. "무서워 죽겠어요."

돈 키호테는 공작 부부에게 이를 전하러 성으로 돌아갔다. 밧줄을 가지고 와서 당나귀와 산초를 어둠 속에서 태양의 빛으로 꺼내 주었다. 그들이 성에 도착해서 산초는 공작 부부를 보러 갔다. 무릎을 꿇고 말했다.

"저는, 어르신들의 섬 바라타리아의 통치자였습니다. 빈손으로 들어갔다가 빈손으로 나왔습니다. 잃은 것도 얻은 것도 없습니다. 제가 잘 다스렸는지 또는 잘못 다스렸는지는 증인들이 그걸 말해 줄 것입니다. 저는 통치자가 될 수 없습니다. 너무 많은 의무가 있네요. 어제 저는 섬을 예전 그대로 두고 떠났습니다."

공작 부인은 그를 껴안아 주었고, 하인들에게 그를 돌보라고 명령했다.

Página 119

제32장

돈 키호테 데 라 만차와 토실로스의 결투

결투의 날이 왔다. 도냐 로드리게스의 딸의 연인이 플랑드르로 이미 도망을 갔기 때문에, 공작 부부는 토실로스라는 하인에게 돈 키호테와 싸우라고 명령했다. 공작은 토실로스에게 돈 키호테를 죽여서도 상처를 내서도 안 된다고 주의를 주었다. 돈 키호테는 결투장에서 싸움의 상대를 기다리고 있었다. 토실로스가 도착해서 도냐 로드리게스의 딸을 쳐다보았다. 돈 키호테는 싸움을 시작하기 위한 신호를 기다리고 있었다. 하지만 토실로스는 다른 생각을 가지고 있었다. 도냐 로드리게스의 딸을 보았을 때 그녀는 세상에서 가장 아름다운 여자인 것처럼 보였다. 토실로스가 신호를 듣지 못했기에 움직이지를 않았다. 그러는 사이에 돈 키호테는 상대를 향하여 신속하게 갔다.

산초는 소리 질렀다.

"하느님이 인도하시길, 편력 기사의 정예이시여!"

토실로스는 돈 키호테가 오는 것을 보았지만 움직이지 않았다. 큰 목소리로 말하기 시작했다.

"여보세요, 이 결투는 제가 저 귀부인과 결혼하게 하도록 하는 것인가요?"

Página 120

"그렇다." 대답했다.

"그렇다면" 토실로스가 말했다. "제가 졌어요. 그녀와 결혼하겠어요."

돈 키호테는 멈춰 섰다. 그동안 토실로스는 도냐 로드리게스에게 다가가서 말했다.

"부인, 제가 따님과 결혼하겠습니다."

그때 돈 키호테가 말했다.

"그렇다면 나는 내 약속에서 자유로워지는 거요."

공작이 토실로스에게 다가가서 말했다.

"기사여, 당신이 이 아가씨와 결혼하고 싶은 것이 사실이요?"

"예, 그렇습니다." 토실로스는 대답했다.

그가 투구를 벗자, 도냐 로드리게스와 그의 딸은 말했다.

"사기에요, 사기! 내 진짜 남편 대신에 토실로스를 넣었네요! 정의를 원해요!"

"걱정하지 마시오." 돈 키호테가 말했다. "그들은 나를 쫓아다니는 나쁜 마법사들이요. 그들이 당신의 남편의 얼굴을 토실로스의 얼굴로 바꾸어 놓았소. 내 충고를 듣고 그자와 결혼하시오."

Página 121

공작이 말했다.

"토실로스를 보름 동안 가두어 놓겠소. 그러면 진짜인지 볼 수 있을 것이요."

도냐 로드리게스의 딸이 대답했다.

"누구든지 상관없어요. 그와 결혼하겠어요."

토실로스를 가두고 모두가 성으로 돌아갔다. 돈 키호테는 이제는 가야 할 시간이라고 생각했다. 공작 부부에게 허락을 요청하자 허락해 주었다. 그들은 작별을 하고, 아침에 돈 키호테와 산초는 사라고사를 향하여 출발했다.

Página 122

제33장

가짜 돈 키호테

돈 키호테와 산초는 시원한 숲에서 휴식을 취하려고 멈추었다. 요기를 하고, 잠을 청했다가 좀 늦게 잠에서 깼다. 다시 말에 올라 길을 계속 갔다. 그들은 한 주막집에 도착했고(돈 키호테는 다른 때 성이라고 부른 것과는 달리 그것을 그렇게 불렀다.) 방이 있는지 물어보았다. 그들에게 있다고 말했다. 저녁 식사 시간이 되었다, 주인이 그들에게 방으로 저녁 식사를 가져왔고 그들은 식사하기 위해 앉았다. 옆방에서 돈 키호테는 이렇게 말하는 것을 들었다.

"돈 헤로니모 님, 돈 키호테 데 라 만차 제 2부의 다른 장을 읽어 봅시다."

돈 키호테는 자기 이름을 듣고는, 일어서서 그들이 말하는 것을 들었다.

"돈 후안 님, 뭐 때문에" 돈 헤로니모가 대답했다. "이 엉터리 같은 것을 읽으려고 하는 거요? 1부를 읽은 사람은 2부는 좋아할 수가 없어요."

Página 123

"우리가 읽어 보지요." 돈 후안이 말했다. "좋은 점이 하나도 없는 나쁜 책은 없어요. 별로 내 맘에 들지 않는 점은 돈 키호테가 둘시네아에 대한 사랑이 식은 거예요."

이 말을 듣고 돈 키호테는 매우 화가 나서 소리 질렀다.

"돈 키호테 데 라 만차는 둘시네아 델 토보소를 잊지도 않았고 잊을 수도 없다. 반대로 말하는 자는 거짓말을 하는 것이다."

"누가 우리의 말에 대답하는 거요?" 다른 방에서 말했다.

"돈 키호테 라 만차 본인이요." 산초가 대답했다.

바로 그때, 방으로 기사 두 명이 들어왔다. 그들

중의 한 명이 돈 키호테를 껴안고 그에게 말했다.

"틀림없이 당신이 진짜 돈 키호테 데 라 만차요."

그에게 읽고 있던 책을 건네주었다. 돈 키호테는 책장을 넘겨 보고 잠시 후 말했다.

"얼마 보지도 않았지만, 벌을 받을 만한 것들을 발견했소."

Página 124

그 두 기사는 돈 키호테에게 그들 방에서 자기들과 같이 식사하기를 요청했다. 돈 키호테는 이를 수락하고 그들과 식사를 했다. 돈 후안은 그에게 둘시네아에 대하여 무슨 소식이 있는지 물었다. 그들에게 마법에 대해서, 몬테시노스 동굴에서 일어난 것과 그녀를 마법에서 풀기 위한 메를린의 명령에 대해서 말해 주었다.

그 두 기사들은 돈 키호테의 모험을 알게 된 것에 대해 매우 좋아했다. 그에게 어디로 가는지를 물어보았다. 기마 창 시합에 참가하기 위해서 사라고사로 간다고 대답했다. 돈 후안은 가짜 돈 키호테가 제2부에서 사라고사로 간다고 그에게 말해 주었다.

"그렇다면," 돈 키호테가 대답했다. "나는 사라고사로 가지 않겠소. 그렇게 해서 그 이야기꾼의 거짓말을 입증하겠소. 사람들은 내가 그가 말하는 돈 키호테가 아니라는 것을 알게 될 것이오."

"잘하실 것이오." 돈 헤로니모가 말했다. "바르셀로나에서 또 다른 기마 창 시합들이 있어요. 거기서 당신의 용기를 증명할 수 있을 것이요."

"그렇게 하겠소." 돈 키호테가 말했다.

이러한 대화를 한 후에, 돈 키호테는 잠을 자러 갔다. 새벽에 일찍 일어나서 벽을 두드려 숙박 손님들과 작별했다.

Página 125

제34장

로케 기나르트와의 만남

돈 키호테는 시원한 아침에 주막집을 나섰다. 나서기 전에 사라고사를 지나지 않고 바르셀로나에 가기 위한 가장 짧은 길이 어느 것인지를 알아두었다. 그는 자기를 비난하는 새로운 이야기꾼이 거짓말쟁이라는 것을 증명하고 싶었다.

엿새 동안 그들에게는 아무 일도 일어나지 않았다. 밤이 되어 그들은 나무들 사이에서 쉬려고 멈추었다. 산초는 곧바로 잠이 들었지만 돈 키호테는 잠을 잘 수가 없었다. 자기 종자가 자비심이 별로 없다는 것에 그는 절망했다. 그는 매를 단지 다섯 번만 맞았다. 아직도 그에게는 무한한 매질이 남아 있었다. 그리고 나서 산초에게 다가갔다. 반바지를 묶는 그의 허리띠를 풀었고, 로시난테의 고삐를 가지고 그를 때리려고 했다.

하지만 갑자기 산초가 깨어나서 말했다.

"이게 뭐예요? 누가 나를 건드리는 거지?"

"나다." 돈 키호테가 대답했다. "너를 때리려고 왔다."

"그건 안 되죠." 산초가 말했다. "가만히 계세요. 매는 자진해서 맞아야 하는 거예요. 게다가 지금은 나는 매 맞고 싶지 않네요."

Página 126

돈 키호테는 계속해서 그를 때리려고 했다. 산초 판사는 일어나서 자기 주인을 바닥으로 던져 버렸다. 그리고는 돈 키호테의 가슴 위에 무릎을 꿇었다. 그의 손을 잡고 움직이지 못하게 했다.

돈 키호테가 말했다.

"뭐라고, 배신자야? 주인에 대해서 반역을 해?"

"저는 단지 제 자신을 지킬 뿐이죠." 산초가 대답했다. "지금은 나를 때리려고 하지 않겠다고 내게 약속하세요. 그렇지 않으면

도냐 산차의 원수,

배신자여 너는 여기서 죽을 것이다."

돈 키호테는 약속을 하고 그를 건드리지 않겠다고 맹세했다. 산초는 일어나서 조금 멀리 갔다. 한 나무에 가까이 갔는데 무엇인가가 머리에 닿는 것을 느꼈다. 발이었다. 겁이 나서 떨었다. 다른 나무로 갔는데 마찬가지 일이 벌어졌다. 돈 키호테에게 도움을 요청했다. 돈 키호테는 그에게 무슨 일이냐고 물었고 산초는 나무마다 발이 있다고 말했다.

돈 키호테는 그것들을 만져 보고 산초에게 말했다.

"겁내지 마라. 이 발들은 교수형에 처형된 산적들의 것이다. 이 지역에서 정의는 범죄자들을 교수형으로 처형하곤 하지. 우리는 바르셀로나에 가까이 있음에 틀림없다."

Página 127

이미 날이 새고 있었다. 갑자기 사십 명이 넘는 산적들이 나타났다. 그들은 둘러싸고 움직이지 말라고 말했다. 두목이 도착해서 돈 키호테에게 다가갔고 그에게 말했다.

"슬퍼하지 마시오, 착한 자여. 나는 잔인한 사람이 아니라 인정 많은 사람이오. 내 이름은 로케 기나르트요."

"나는 당신 수중에 떨어져서 슬픈 것이 아니오, 용감한 로케!" 돈 키호테가 대답했다. "나는 나의 부주의함을 슬퍼하는 것이오. 편력 기사도의 규율은 언제나 방심하지 않고 있어야 하게 되어 있소. 그러면 당신의 병사들이 나를 잡지 못했을 것이오. 나는 돈 키호테 데 라 만차요."

로케 기나르트는 돈 키호테의 병은 용기보다는 광기라는 것을 알았다. 그는 그를 만난 것을 기뻐했다. 왜냐하면 그에 대해서 말하는 것을 들은 적이 있기 때문이었다. 그리고 나서 그에게 말했다.

"용감한 기사여, 걱정하지 마시오. 당신의 운명은 바뀔 것이요. 하늘은 넘어진 자들을 일으키고 가난한 자들을 부유하게 하니까요."

그 후에 로케는 멀리 떨어져서 바르셀로나에 있는 친구에게 편지를 썼다. 그에게 자기는 돈 키호테 데 라 만차와 같이 있다고 말했다. 또한 돈 키호테가 나흘 뒤에 종자와 함께 바르셀로나에 도착할 거라고 했다. 편지를 끝내고 그것을 수신인에게 가져가라고 명했다.

Página 128

제35장

돈 키호테와 산초가 바로셀로나에 도착하다

돈 키호테는 로케와 사흘을 있었다. 그 후에 바르셀로나로 출발했다. 그들은 산후안 전날에 바르셀로나 해안에 도착했다. 그들은 사방을 살피고, 바다를 보았다. 어느 누구도 그것을 이전에 본 적이 없었다. 그들에게는 아주 크고 긴 것 같았다. 또한 해안에 있는 갤리선도 보았다. 그때에 어떤 사람들이 그들에게 인사를 하러 달려왔다. 로케의 친구가 돈 키호테에게 말했다.

"환영합니다. 편력 기사의 별이자 안내자여."

돈 키호테는 대답하지 않았다. 산초를 바라보며 말했다.

"이 사람들이 우리를 알아보는구나. 틀림없이 우리의 이야기를 읽었을 거다."

그 기사가 다시 돌아서서 그에게 말했다.

"우리와 같이 가시지요, 돈 키호테 나리. 우리는 로케 기나르트의 친구로, 당신을 도시겠습니다."

Página 129

돈 키호테가 대답했다.

"어디든지 날 데리고 가시오."

모두는 도시로 갔고, 그 기사의 집에 도착했다. 그는 부유하고 중요한 인사였다.

Página 130

제36장

마법에 걸린 머리의 모험

그 기사는 이름이 돈 안토니오 모레노였다. 그 날 몇몇 친구들과 함께 그의 집에서 식사를 했다. 그들은 돈 키호테를 진정한 편력 기사로 대해 주었다. 식사 후에 돈 안토니오는 돈 키호테를 어느 방으로 데리고 갔다. 그곳에는 테이블 위에 청동 두상이 있었다. 돈 안토니오가 그에게 말했다.

"돈 키호테 님. 당신에게 상상하기에도 가장 희한한 모험 중의 하나를 말씀 드리지요. 하지만 비밀을 지켜 주겠다고 약속해 주세요."

"맹세하오." 돈 키호테가 대답했다.

"이 머리는, 돈 키호테 나리" 돈 안토니오가 말했다. "이 세상 최고의 마법사가 만든 것이지요. 모든 질문에 대답을 한답니다."

Página 131

돈 키호테는 깜짝 놀랐고 그 말을 믿어야 할지 몰랐다. 그 후에 그들은 방을 나왔다. 돈 안토니오는 문을 닫고 다른 기사들과 함께 방으로 갔다. 그동안 산초는 다른 사람들에게 자기의 많은 모험에 대해서 이야기를 했다. 밤이 되어, 돈 안토니오의 아내가 자신의 친구들을 초대했다. 그들은 저녁 식사를 잘 하고, 후에는 춤을 추었다. 장난기 많은 두 부인이 춤을 추자고 돈 키호테를 불러냈다. 쉬지 않고 춤을 추었다. 돈 키호테는 매우 피곤해서 바닥에 앉았다. 산초는 그를 침대로 데려갔고, 그를 이불로 덮어 주었다.

다음 날, 돈 안토니오는 돈 키호테에게 마법에 걸린 머리의 능력을 보여 주기로 결심했다. 그들 모두는 방에 들어갔다. 돈 안토니오가 먼저 마법에 걸린 머리에 물었다. 그에게 말했다.

"여기에 우리는 몇 명이 있느냐?"

"당신, 당신 아내, 당신의 친구 두 명, 아내의 친구 두 명." 그 머리가 대답했다. "또 그 유명한 기사 돈 키호테 데 라 만차와 그의 종자가 있네요."

다음에는 돈 키호테가 물었다.

"몬테시노스의 동굴에서 일어난 것은 사실이냐 아니면 꿈이냐? 산초는 매를 맞겠느냐? 둘시네아는 마법에서 풀리겠느냐?"

Página 132

"그 동굴에 대한 것은 둘 다예요." 그 머리가 대답했다. "산초가 매 맞는 것은 차차 될 것이고요. 둘시네아가 마법에서 풀리는 것은 이루어질 겁니다."

"난 더 이상 알고 싶지 않소." 돈 키호테가 말했다.

마지막으로 질문을 한 자는 산초였다. 그것에 물었다.

"내가 또 다시 통치를 하겠는가? 내가 종자 노릇을 그만두겠나? 내가 다시 내 아내와 자식들을 볼 수 있겠는가?"

그러자 머리가 대답했다.

"당신 집에서 통치하게 될 것이오. 집으로 돌아가면 아내와 자식들을 볼 것이오. 그리고 고용살이를 그만두게 되면 종자도 그만두게 될 겁니다."

"아이구야!" 산초가 말했다. "그런 말은 나도 할 줄 알겠다."

"무식한 놈." 돈 키호테가 말했다. "네게 어떻게 답해 주기를 원하느냐? 대답이 네가 한 질문에 맞으면 충분하지 않느냐?"

"네, 충분하죠." 산초가 대답했다. "하지만 전 더 많은 것을 알고 싶어요."

Página 133

질문과 대답이 끝났다. 실제로는 그 머리는 마법에 걸린 것이 아니었다. 그 머리는 속이 비었고 식탁 역시 그러했다. 아랫방에는 관이 하나 있었다. 이 관은 그 머리와 연결되어 있었다. 그렇게 아랫

방에서부터, 말을 했고 그 소리가 머리를 통해서 나왔던 것이다. 돈 안토니오의 조카 하나가 질문들에 대답하고 있었다.

나중에, 돈 키호테는 도시를 산책하기로 했다. 한 길을 지나갈 때, 문에 다음과 같이 쓰여진 것을 보았다. '여기에서 책을 인쇄합니다' 너무 기뻤던 이유는 그가 한 번도 인쇄소를 본적이 없기 때문이었다. 그는 들어가서 인쇄소에서 이루어지는 모든 것을 보았다. 역시 책을 교정하는 것도 보았다. 그는 그 제목이 무엇인지를 물어보았고, 그에게 답하기를 그 이름은 '기발한 이달고 돈 키호테 데 라 만차 제2편'이었다. 저자는 토르데시야의 한 이웃이었다.

"난 이미 이 책을 들어서 알고 있어요." 돈 키호테가 말했다. "당치도 않아서 이미 태워 버려야 할 것으로 난 생각했지요. 하지만 곧 그때가 오겠지요."

그리고는 어딘가 씁쓸하게 그 인쇄소에서 나왔다.

Página 134

제37장

하얀 달의 기사와의 결투

어느 날 아침에, 돈 키호테는 해안으로 산책을 나섰다. 항상 그렇듯이 편력 기사도의 규율에 따라 무장을 하고 있었다. 한 기사가 도착했는데 그도 역시 달이 있는 방패를 가지고 무장을 하고 있었다. 그는 돈 키호테에게 다가가서 말했다.

"나는 하얀 달의 기사요. 나는 그대와 싸우기 위해서 왔소. 그대는 나의 귀부인이 그대의 둘시네아보다 더 아름답다고 인정해야 하오. 내가 싸움을 이기면 그대는 일 년 동안 무기를 내려놓아야 하오. 그대의 마을로 돌아가서 조용히 살아야 하오. 그대가 나를 이기면 나도 말한 것처럼 하겠소."

돈 키호테는 그 기사의 오만함에 무척 놀랐다. 하지만 결투의 이유로도 역시 놀랐다. 침착하게 그에게 대답했다.

"하얀 달의 기사여, 그대의 결투를 받아들이겠소. 결투장의 원하는 쪽을 취하시오."

Página 135

돈 안토니오와 다른 기사들은 일어나는 일을 보려고 해안으로 갔다. 돈 키호테는 싸움을 시작할 때면 항상 하듯이, 하늘과 둘시네아에게 가호를 빌었다. 그 두 기사는 사이에 거리를 두었다가 바로 뒤로 돌아섰다. 하얀 달의 기사의 말은 로시난테보다 더 민첩했다. 더 빨리 와서 아주 강하게 돈 키호테를 쳤다. 돈 키호테와 로시난테는 바닥으로 떨어졌다.

하얀 달의 기사는 그의 얼굴에 창을 대고 말했다.

"그대는 졌소, 기사 양반. 약속한 것을 진술하시오."

돈 키호테는 아주 심하게 다친 상태였다. 힘없고 아픈 목소리로 말했다.

"둘시네아 델 토보소는 세상에서 가장 아름다운 여인이오. 나는 나의 쇠약함으로 인해 이 땅에서 가장 불행한 기사이고. 창을 눌러 나를 죽이시오. 기사 양반."

"그렇게 하지 않겠소." 하얀 달의 기사가 말했다. "둘시네아 델 토보소 귀부인의 아름다움이여 영원하기를 바라오. 그대가 일 년 동안 마을로 돌아가는 것으로 충분하오."

Página 136

돈 키호테는 진정한 기사로서 약속을 지킬 거라고 말했다. 그 후에 하얀 달의 기사는 떠나갔다. 돈 안토니오는 그가 누구인지 알아보기 위해서 그를 따라갔다. 그 동안에 사람들은 돈 키호테를 일으키고 그의 투구를 벗기고 그의 얼굴이 창백한 것을 보았다. 로시난테는 움직일 수 없었다. 산초는 매우 슬펐다. 무슨 말을 해야 할지 무엇을 해야 할지를 몰랐다. 자기 주인이 굴복하여 일 년 동안 무기를 들지 못하게 되는 것을 보았다. 모든 약속은 사라지고 말았다.

마침내 돈 키호테를 돈 안토니오의 집으로 데리고 갔다.

Página 137

제38장

하얀 달의 기사의 진짜 이야기

돈 안토니오는 한 주점까지 하얀 달의 기사를 따라갔다. 그 하얀 달의 기사는 그 기사가 자기를 그냥 두지 않는 것을 알고서 그에게 말했다.

"여보시오, 나는 당신이 따라오고 있는 것을 나는 잘 알고 있소. 당신은 내가 누구인지 알고 싶어 하지요. 여보시오, 내 이름은 산손 카라스코요. 나는 돈 키호테 데 라 만차의 이웃이요. 그를 알고 있는 우리 모두는 그와 그의 광기로 인해 마음이 아프다오. 우리는 그가 제정신을 차리기 위해서는 쉬어야 한다고 생각하오. 그래서 그를 집으로 데려가기 위해서 이 계획을 준비했다오."

"오, 그래요." 돈 안토니오가 말했다. 세상에서 가장 재미있는 광인을 제정신으로 돌리려는 것이니 하느님이 당신을 용서하시길 바라오."

그리고는 돈 안토니오는 자기 집으로 돌아갔다. 돈 키호테는 침대에 엿새를 있었다. 그는 매우 슬펐고 생각에 잠겨 있었다. 산초는 그를 위로하며 말했다.

"주인님, 기뻐하십시오. 우리는 집으로 돌아가고, 모험 찾기를 그만두시지요."

Página 138

"입 다물어라, 산초야." 돈 키호테가 말했다. "일 년 뒤에 나는 다시 모험을 하러 돌아가겠다."

돈 키호테와 산초가 출발하는 날이 되었다. 모두에게 작별을 하고 집으로 가는 길을 떠났다. 그날 밤은 들판 한가운데에서 보냈다. 그다음 날 그들은 길을 계속 갔다.

Página 139

제39장

돼지의 모험

길을 가는 동안 돈 키호테는 종자에게 말했다.

"오, 산초야! 네가 좋다면 우리는 목동이 되어 보자. 적어도 나가 틀어박혀 있는 동안만이라도 말이다. 난 양과 필요한 것들을 사겠다. 내 이름을 목동 키호티스라고 하고 너는 목동 판시노라고 하지. 우리는 산으로 걸어 다니고 노래를 하고 샘물을 먹게 되겠지."

"아주 좋은 것 같아요." 산초가 말했다. "나는 그런 생활이 좋아요."

후에 식사를 하기 위해서 멈추었고 잠자리에 들었다. 밤은 어두웠다. 산초는 깊이 잠자고 있었지만 돈 키호테는 잠을 잘 수 없었다. 산초를 깨워서 그에게 말했다.

"놀랍구나, 산초야. 네가 잘 때 나는 깨어 있단다. 네가 노래할 때 나는 울고 있단다. 일어나서 삼사백 대를 맞거라."

Página 140

"저를 자게 놔두세요. 그렇지 않으면 이젠 한 대도 맞지 않을 거예요." 산초가 말했다.

"오, 무감각한 영혼이여! 매정한 종자여!"

갑자기 그들은 큰 소리를 들었다. 돈 키호테는 일어나서 칼을 잡았다. 산초는 당나귀 아래에 숨었다. 그 소리는 점점 더 커졌다. 몇 사람들이 장에서 돼지들을 팔기 위해서 가고 있었다. 그 소리를 내는 사람들은 바로 그 사람들이었다.

동물들이 와서 돈 키호테와 산초 위로 지나갔다. 산초는 일어서서 주인에게 칼을 달라고 했다. 그는 돼지들을 죽이고 싶었다.

돈 키호테가 그에게 말했다.

"그것들을 그냥 놔두거라, 친구야. 우리가 패배한 것에 대한 하늘의 벌이다."

날이 밝았다. 그들은 잠에서 깨어나서 다시 길을 갔다. 오후에 말을 타고 있는 사람들과 또 걸어가는 사람들을 보았다. 그들은 창과 칼을 가지고 있었다. 그들은 말없이 돈 키호테를 둘러섰다. 그들은 그에게 말하지 말라는 신호를 했다. 로시난테를 잡고는 길에서 빼앗아 갔다. 역시 산초와 당나귀를 둘러쌌다. 밤 한 시에 그들은 어느 성에 도착했다. 돈 키호테는 그것이 공작의 성이라는 것을 알아차렸다.

"아이구야!" 성을 알아보고는 말했다. "이건 뭘까? 패자에게는 선이 악으로 변하게 되는구나."

그리고는 그들은 성의 뜰로 들어갔다.

Página 141

제40장

알티시도라의 죽음

뜰의 한가운데 봉분 하나가 있었다. 그것은 검은 우단으로 덮여 있었고 흰 촛불이 둘러싸고 있었다. 봉분 위에는 아름다운 여인의 몸이 있었다. 뜰의 한쪽에 단이 있었는데 그 위에는 두 사람이 의자에 앉아 있었다. 그들은 머리에 관을 쓰고 있어서 왕처럼 보였다. 그 옆에는 의자 두 개가 있어서 거기에 돈 키호테와 산초가 앉았다. 후에 공작 부부가 나타나서 왕들 옆에 앉았다.

돈 키호테는 시체가 알티시도라인 것을 알았다. 왕 중의 한 명이 말했다.

"이 집의 관리자여! 산초를 손바닥으로 스물네 번 때리고, 열두 번 꼬집고, 여섯 번 핀으로 찌르시오. 그렇게 하면 알티시도라가 소생할 거요."

그 말을 듣고 산초는 말했다.

"나를 건드리지 못하게 하겠소!"

Página 142

"넌 죽을 것이다." 그 왕이 말했다. "진정하거라. 책임자여, 내 명령을 이행해라!"

여섯 명의 과부 시녀들이 오른손을 들고서 나타났다. 산초가 그들을 보고 그에게 말했다.

"이 세상 누구라도 나한테 손댈 수 있지만 과부 시녀들은 안 돼요. 그건 안 돼요!"

돈 키호테가 침묵을 깨고 그에게 말했다.

"참아라. 마법 걸린 자들을 마법에서 풀어 주고 죽은 자를 소생시킬 수 있다는데 감사해라."

이미 그 과부 시녀들은 산초 가까이에 있었다. 한 명씩 돌아가며 산초를 꼬집고 핀으로 찔렀다. 그러자 알티시도라는 움직였다. 모두 소리 지르기 시작했다.

"알티시도라가 살았다! 알티시도라가 살았어!"

공작 부부는 일어나서 알티시도라를 맞으러 갔다. 그녀는 공작 부부 앞에 무릎을 꿇고, 돈 키호테에게 말했다.

"하느님이 당신을 용서하시길, 애정이 없는 기사여. 당신의 잔인함 때문에 나는 다른 세상에 갔다 왔어요. 오, 인정 많은 종자여! 나를 구해 주어 감사합니다."

Página 143

이후에 모두는 자기 방으로 갔다. 공작은 돈 키호테와 산초를 자기 방으로 데리고 가라고 명했다. 이 이달고는 침대에 들자마자 말했다.

"네가 보기엔 어떠냐, 산초야? 오늘 밤에 일어난 일말이다. 나의 지속적인 무관심 때문에 알티시도라가 죽었다니!"

"자기 맘대로 어떻게든 죽으라죠." 산초가 대답했다. "저를 저의 집에 있게 해 주세요. 저는 그녀를 사랑하지도 무시하지도 않았으니까요. 알티시도라의 건강이 산초 판사의 고난과 무슨 관계가 있어야 하는지 전 모르겠어요. 이제 세상에 마법사들이 있다는 것을 믿겠어요. 그리고 나리께 간청하오니 저를 좀 자게 해 주세요. 제가 창문으로 뛰어내리기를 원하지 않으시면 더 이상 질문은 하지 마세요."

"자거라, 산초야." 돈 키호테가 대답했다. "찌르기와 꼬집기, 손으로 때리기를 당하고도 괜찮다면 말이다."

"최고로 아픈 것은" 산초가 대꾸했다. "손으로 때리기예요. 왜냐하면 과부 시녀들이 때렸으니까요. 다시 부탁 드리지만 저 좀 자게 해 주세요. 잠은 불행을 줄여 주니까요."

"아멘." 돈 키호테가 말했다. "하느님이 너와 함께 하시길."

Página 144

시데 하메테는 왜 공작 부부가 이 기사와 종자를 조롱했는지를 다음에 말하고 있다. 말하기를, 학사 산손 카라스코는 돈 키호테와 싸우고 싶었는데, 그것은 그에게 졌던 것을 잊지 않고 있었기 때문이었다. 돈 키호테와 산초가 어디에 있는지를 알고 나서, 새로운 무기와 말을 구해서 방패에다 하얀 달을 그려 넣었다.

그는 공작의 성에 도착했고, 그에게 돈 키호테는 사라고사에 마상 창 시합에 가고 있다고 알려 주었다. 또한 그에게 둘시네아를 마법에서 풀리게 하기 위해 했던 우롱들을 이야기해 주었다. 공작은 그에게 요청하기를, 그를 찾으면 그를 이기든지 지든지, 일어난 일을 이야기하러 다시 돌아오라고 했다. 그래서 학사는 그렇게 했다. 그를 찾아 떠났고, 사라고사에서는 그를 찾지 못했고, 앞서 가서 이미 말했던 일이 벌어진 것이다.

공작의 성으로 돌아와서 모든 것을 이야기했다. 그에게 말하기를 돈 키호테는 싸움의 조건을 이행하기 위하여 집으로 돌아간다고 했다. 자기 마을에서 일 년을 물러나 있어야 하고 그렇게 하면 그의 광기를 치료할 수 있을 것이었다. 이렇게, 공작과 작별을 하고 자기 마을로 돌아갔으며 그곳에서 돈 키호테를 기다렸다.

여기에서부터 공작은 그 조롱을 하기 위한 기회를 포착했던 것이다.

날이 밝았고 그들은 일어났다. 공작 부부는 그들을 보러 들어왔다. 돈 키호테는 그들에게 떠나기 위한 허락을 구했고, 그날 오후에 돈 키호테와 산초는 공작의 궁을 떠났다.

Página 145

제41장

산초 판사의 매 맞기

그 두 사람은 고향을 향해 계속 길을 갔다. 가는 길에서 돈 키호테는 산초에게 말했다.

"네가 매값을 원한다면 내가 그걸 주지."

산초는 주인의 제안이 좋아 보였다. 그에게 말했다.

"주인님, 저게 이익이 되는 일이니 나리를 기쁘게 해 드릴게요. 제 자식들과 아내에 대한 사랑이 있으니 관심이 생기네요. 매질당 얼마를 주시겠어요?"

"각 대당 가격을 매겨 봐라." 돈 키호테가 대답했다. "그리고 돈을 갖거라."

"팔백이십오 레알." 산초가 대답했다. "곱하기 삼천삼백 대요."

"오, 맙소사 산초야! 오, 착한 산초!" 돈 키호테가 대답했다. "둘시네아와 나는 일생 동안 매일 너를 섬기면서 살아야 하겠다. 언제 매를 맞기 시작하겠니?"

Página 146

"언제요?" 산초가 대꾸했다. "바로 오늘 밤이요."

밤이 되었고 돈 키호테는 산초가 약속을 지키는 것을 보고 싶어 안달이 났다. 저녁 식사 후에 산초는 매를 맞기 위해서 나무 사이로 물러갔다.

돈 키호테가 그에게 말했다.

"조심해라, 친구야. 몸이 산산조각 나지 않게 해라."

"아프게 하기 위해서 해야 한다고 생각해요. 죽지는 않게요." 산초가 대답했다.

그는 상반신의 옷을 벗었다. 줄을 하나 잡았고 돈 키호테는 매의 숫자를 세기 시작했다. 산초는 여섯 아니면 여덟 대를 때렸다. 아파서 등을 때리기를 그만두었다. 나무를 때리기 시작했다. 그러면서 자신을 때리는 것처럼 보이게 한숨을 내쉬고 있었다.

돈 키호테는 산초가 걱정이 되어서 그에게 물었다.

"산초야, 네게 매질하기를 멈추어라. 이미 천 대 이상이구나. 이제 충분하다. 사모라는 하루아침에 이루어진 것이 아니란다."

"아니에요, 주인님." 산초가 대답했다. "저는 사람들이 저한테 '돈 다 받고 모른 체한다'고 하는 것을 원치 않아요. 그러니 천 대 더 하겠어요."

Página 147

"알았다." 돈 키호테가 말했다. "하늘이 너를 돕기를."

산초는 자기 일로 돌아갔다. 잠시 뒤에, 돈 키호테가 다가가서 그에게서 줄을 빼앗았다. 그에게 말했다.

"산초야, 내가 좋다고 네 목숨을 잃게 할 수는 없다."

자기의 망토로 산초를 감싸고, 그들은 해가 그들을 깨울 때까지 잠을 잤다.

Página 148

제42장

집으로 돌아가다

그날 낮과 밤에 그들은 별일 없이 길을 걸어갔다. 산초는 매 맞기를 끝냈고 돈 키호테는 매우 만족했다. 마법에서 풀린 둘시네아를 만나기 위하여 그날을 기다리고 있었다. 그들은 한 언덕에 올라서 그의 마을을 보았다. 산초가 무릎을 꿇고, 말했다.

"눈을 떠라, 고대하던 고향이여. 그리고 너의 아들 산초 판사가 돌아오는 것을 보아라. 아주 부자는 아니지만 매를 흠뻑 맞았다."

"바보 같은 소리 하지 마라." 돈 키호테가 말했다. "우리는 운이 좋게도 우리 마을에 들어갈 것이다. 우리는 목동으로서의 삶을 준비해야 한다."

그들은 언덕을 내려갔고 자기 마을로 들어갔다. 마을 입구에는 두 아이가 다투고 있었다. 한 아이가 다른 아이에게 말했다.

"소용없어, 페리키요. 평생 그녀를 볼 수 없을 거야."

Página 149

돈 키호테는 그것을 듣고 산초에게 말했다.

"저 아이가 말하는 것을 넌 들었느냐?"

"그 아이가 말한 것이 무슨 관계가 있어요?" 산초가 대답했다.

"뭐냐고?" 돈 키호테가 대꾸했다. "그건 내가 더 이상 둘시네아를 볼 수 없다는 것을 말한다."

산초는 그에게 대답을 하고 싶었지만, 많은 사냥개와 사냥꾼들이 쫓는 토끼가 그의 말을 막았다. 그 토끼는 당나귀의 발아래 숨었다. 산초는 그것을 잡아서 돈 키호테에게 주었다. 그때에 돈 키호테가 말했다.

"나쁜 징조야! 나쁜 징조! 토끼가 도망가고 사냥개가 쫓아간다. 둘시네아는 나타나지 않는다!"

"나리께서는 이상하시네요." 산초가 말했다. "이 토끼가 둘시네아라고 가정해 보지요. 사냥개들은 그녀를 농사꾼으로 바꾸어 놓은 마법사들이고요. 그녀는 도망을 가고, 제가 그걸 잡아서 당신께 드리잖아요. 나리는 그것을 팔에 품어 보호하고 있고요. 이것이 무슨 나쁜 징조예요?"

사냥꾼 두 명이 도착해서 토끼를 요구했고, 돈 키호테는 그들에게 그것을 주었다. 그리고 나서 마을로 들어갔다. 한 목장에서 신부와 카라스코 학사를 만났다. 모두 서로 얼싸안았다. 그리고는 돈 키호테의 집으로 갔다. 문에는 하녀와 조카딸이 기다리고 있었다. 테레사 판사와 딸 산치카도 기다리고 있었다.

Página 150

자기 남편을 보고서 그에게 말했다.

"남편이여, 어찌 그렇게 오시오? 통치자의 모습이 아니네요."

"입 다물어요, 테레사." 산초가 대답했다. "집으로 갑시다. 놀라운 것들을 듣게 될 거요. 내가 번 돈도 있소."

돈 키호테는 신부와 학사에게 자기의 패배에 대해서 이야기해 주었다. 그는 그들에게 말하기를 목동이 되고 싶다고 했다. 그들은 돈 키호테의 새로운 광기로 인해 매우 놀랐다. 하지만 그것에 동의했고 동료가 되겠다고 했다. 그들은 그가 다시는 마을을 떠나기를 원치 않았다. 그리고는 서로 작별하고, 그에게 건강을 기원했다.

"나를 침대로 데리고 가거라. 몸이 좋지 않다." 돈 키호테가 말했다.

하녀와 조카딸은 그를 침대로 데리고 가서 먹을 것을 주고 그를 보살폈다.

Página 151

제43장

돈 키호테의 죽음

인간의 일이란 영원하지 않다. 돈 키호테의 삶도 전혀 생각하지 않았던 때에 그 끝에 다다랐다. 열로 인해 그는 침대에서 엿새를 있었다. 그의 친구들이 그를 방문했고 산초는 그에게서 떠나지 않았다. 모두가 그를 즐겁게 해 주려고 했다. 새로운 목동 일을 시작하기 위해서 일어나라고 그에게 말해주곤 했다. 그러나 돈 키호테는 계속 슬퍼했다. 그들은 의사를 불렀다. 의사는 그의 맥박을 쟀는데 별로 좋지 않았다. 그의 생명이 위험하다고 말했다. 돈 키호테는 그 말을 차분하게 들었다. 하지만 하녀와 조카딸, 산초는 울기 시작했다.

돈 키호테는 자기를 혼자 있게 해 달라고 요청했다. 조금 자고 싶었다. 여섯 시간 이상을 잤다. 깨어나서는 말했다.

"강대한 하느님이 축복을 내리시기를! 내가 제정신이 들었네. 이제 난 기사 소설로 인해서 미친 사람이 아니야. 조카야, 내가 이제 곧 죽겠구나. 내 친구들을 불러다오. 고해를 하고 유언을 하고 싶구나."

Página 152

바로 그때에 신부와 학사, 이발사가 들어왔다. 돈 키호테는 그들을 보고 그들에게 말했다.

"나는 돈 키호테 데 라 만차가 아니요. 선한 자 알론소 키하노요."

그 세 사람은 또 다른 광기라고 생각했다. 산손이 그에게 말했다.

"지금, 돈 키호테 나리, 둘시네아가 마법에서 풀렸다는 것을 우리는 알고 있어요."

"여러분들 나는 죽어 가고 있소. 조롱하지 말고 고해 성사 신부님과 공증인을 데려오시오."

신부가 그와 같이 남았고, 그에게 고해 성사를 했다. 학사는 공증인과 산초를 찾으러 갔다. 산초 판사는 이미 자기 주인의 상태가 어떤지 알고 있었기에 울기 시작했다. 신부가 나오면서 말했다.

"정말로 죽습니다. 그리고 선한 자 알론소 키하노는 진짜로 제정신이에요. 그가 유언을 하게끔 우리가 들어갑시다."

모두가 들어갔고 돈 키호테는 말했다.

"난 산초에게 빚진 돈을 갚고 싶소."

산초를 돌아보며 그에게 말했다.

"친구, 용서하게. 나처럼 너를 미친 사람처럼 보이게 해서 말이야."

Página 153

"아이고!" 산초가 울면서 대답했다. "죽지 마세요, 주인님. 오래오래 사세요. 사람의 가장 미친 짓은 자신을 죽게 내버려 두는 거예요."

하지만 돈 키호테는 유언을 계속했다.

"내 모든 재산은 내 조카딸 안토니아 키하노에게 준다. 하녀에게는 내가 빚진 것과 옷 한 벌을 위한 이십 두카도를 지불하시오. 나의 유언 집행인은 신부님과 산손 카라스코 학사가 될 것이오. 게다가, 내 조카딸은 기사 소설을 읽은 사람과는 결혼할 수 없소."

유언이 끝나고 정신을 잃었다. 그리고 사흘을 더 살았다. 그리고 나서 돈 키호테의 마지막 날이 왔다. 그곳에 있는 모든 사람들의 눈물 속에 그는 숨을 거두었다.

기발한 이달고 데 라 만차의 이야기는 이렇게 끝난다. 이 이야기의 저자는 자기 마을의 이름을 넣기를 원하지 않았다. 그렇게 하면 라 만차의 모든 마을들이 자기들이라고 다툴 것이기 때문이었다. 호머로 인해 그리스의 일곱 개 도시가 다투었던 것처럼 말이다.

Página 154

산손 카라스코는 돈 키호테를 위해 다음과 같은 비문을 새겼다.

그 용기가 하늘을 찌른
강인한 이달고 이곳에 잠들다
죽음이 죽음으로도
그의 목숨을 이기지 못했음을 깨닫노라
그는 온 세상을 하찮게 여겼으니,
세상은 그게 무서워 떨었노라.
그런 시절 그의 운명은
그가 미쳐 살다가 정신 들어
죽었음을 증거하노라.